간단하지만 몸에 익히면 좋은

1분
작은 습관

간단하지만 몸에 익히면 좋은

1분
작은 습관

오키 사치코 지음 · 윤은혜 옮김

"내 삶이 조금 더 풍요로워지는
'생활 습관'을 하나씩 더해 볼까요?"

indigo

▼▼▼

단정하고 아름답게 살기 위한 습관

풍요롭고
사려 깊게

▾▾▾
삶의 공간을 산뜻하게 관리하는 습관

간소하고
쾌적하게

일상 속에 좋은 습관을
하나씩 더해 보세요

누구에게나 인생에는 마지막이 찾아옵니다. 끝이 있는 삶 속에서 매일의 일상을 어떻게 보내야 그 끝이 왔을 때 후회가 없다고 말할 수 있을까요? 사람마다 다르겠지만, 당연히 행복하고 충실한 삶을 살고 싶은 사람이 많을 것입니다.

두 번 다시 오지 않을 오늘에 감사하며, 매일을 인생의 마지막 날처럼 1분 1초를 소중하게 여기며 사는 삶. 그런 작은 행동들 속에 행복하고 충실한 삶의 열쇠가 있을 거라고 생각합니다.

매일의 생활은 작은 습관이 하나하나 모여 만들어집니다. 평

소에는 그것을 의식하지 못하고 생활하지만 티끌 모아 태산이 되듯이, 어느새 인생을 바꿀 정도의 영향력을 발휘하고 있음을 문득 깨닫게 됩니다.

인생에 해가 되는 작은 습관은 눈에 잘 띄지 않는 얼룩과 비슷합니다. 눈에 잘 보이지 않는 얼룩도 그대로 두면, 아무리 애써도 도무지 없애기 힘든 골칫덩어리가 되고 맙니다.

반면에 인생에 도움이 되는 매일의 작은 습관을 하나씩 실천하다 보면 내 생활이 조금씩 좋은 방향으로 흐르기 시작합니다.

생각해 보면 매일의 생활 습관에 쓰는 시간은 거의 초 단위에 불과합니다. 초 단위의 습관이 분 단위가 되어 어느새 생활 전체를 뒷받침하고 좌우하게 되는 것이지요. 인생을 풍요롭게 만들기 위해서는 자신에게 도움이 되는 작은 습관을 자연스럽게 몸에 익혀서 생활하는 것이 매우 중요합니다. 그것이 매일의 생활과 마음을 풍요롭게 하고, 인생의 질을 높이는 것으로 이어지기 때문입니다.

쾌적하고 행복한 인생을 위해서 현명한 작은 습관을 무리하지 않고 지속적으로 실천할 수 있다면 더할 나위가 없을 것입니다.

"이렇게나 많이!"
이 책을 통해 나의 생활 속 작은 습관들 중 일부를 소개하게

되면서 다시금 매일의 생활을 돌이켜 볼 수 있었습니다. 그리고 나의 일상 속에 인생을 행복하게 해주는 '1분 습관'이 가득하다는 사실을 깨달았습니다.

앞으로도 즐거운 인생을 살아가기 위해서 몸과 마음에 스며든 작은 습관들을 소중하게 여기며 살아가고 싶습니다.

더 멋지게 나이 들기 위한 습관

싱그럽고
활기차게

매일 틈날 때마다 몸을 움직이고,
자연이 베푸는 혜택에 감사하고,
제철 채소와 과일을 골라 건강한 식사를 합니다.
가능한 직접 요리하기 위해 애쓰고,
나이에 얽매이지 않고 나다운 스타일을 찾아서
깔끔한 옷차림을 하려고 노력하고 있습니다.

나만의 식사 순서를 만들어 보세요

맛있는 식사를 바르게 먹는 것은 젊음을 유지하는 데 도움이 되는 중요한 습관입니다. 나는 무리하지 않는 선에서 조금이라도 노화를 늦추기 위해 매일의 생활 습관에 신경을 쓰고, 운동을 하고, 식사에 주의를 기울입니다. 늘 긍정적으로 생각하며 스트레스를 쌓아 두지 않는 것도 중요합니다.

식사를 할 때는 가장 먼저 채소(식이섬유)를, 그다음으로 생선이나 육류(단백질)를, 마지막으로 밥이나 빵(탄수화물)을 먹기로 순서를 정해 두었습니다. 식사하기 전에 이 순서를 다시 한 번 되뇝니다. 1분도 걸리지 않습니다. 이것만으로도 혈당치가 올라가지 않고 살이 잘 찌지 않게 됩니다.

실제로 나는 이 방법으로 3개월 만에 2킬로그램을 줄였습니다. 마지막에 탄수화물을 먹는 양이 순서를 정해 두지 않았을 때에 비해 절반 이하가 되었기 때문인 것 같습니다. 밥이나 빵, 면 등 탄수화물의 섭취량이 줄어들고, 그만큼 채소와 생선, 육류를 많이 먹는 식습관이 어느새 몸에 밴 것입니다.

'먹는 순서 되뇌기 습관'만 익히면 힘들게 다이어트를 하느라 고생하지 않아도 자연스럽게 건강하고 활력 넘치는 몸을 얻을 수 있습니다.

🕐
1 min

'채소 → 생선이나 육류 → 밥이나 빵' 순서를

기억해 두었다가 식사를 하면, 과식을 줄일 수도 있고

다이어트에 대한 스트레스를 받지 않아도 됩니다.

여유 있는 식사 시간을 ─
가져보세요

젊어서부터 바쁘게 일하며 살아오다 보니 음식을 먹을 때 잘 씹어 먹는 것을 그만 소홀히 여기고 말았습니다. 최근에 들어서야 씹기의 중요성을 깨닫고 있습니다. 지금은 **입에** 넣은 음식은 반드시 20번을 세어 가며 씹고 있습니다. 시간으로 치면 20초 정도입니다.

처음에는 익숙하지 않은 탓에 턱이 살짝 아프기도 했지만, 익숙해지자 이에 힘을 주지 않고 자연스럽게 씹을 수 있게 되었습니다. 지나치게 힘을 주면 이에 좋지 않으니 힘을 빼고 부드럽게 씹어야 합니다. 바쁜 아침에는 빠르게 20번, 저녁이나 휴일같이 시간에 여유가 있을 때는 천천히 20번 씹기 습관을 지키고 있습니다.

식탁에는 반드시 매트를 깝니다. 식사 도중 젓가락을 내려 놓기 위해서입니다. 여유 있게 식사를 하면서 때때로 젓가락을 쉬게 하는 모습. 누가 봐도 우아해 보이지 않을까요?

🕐
1min

음식을 충분히 꼭꼭 씹어 천천히 먹는 것만으로 식사 시간이 한결 우아해질 거예요.

회사 경영과 집필 활동을 하면서 아직 현역에서 일하고 있기 때문에 다양한 분야의 사람들과 점심식사를 할 때가 많습니다. 최근에는 저녁에는 충분히 쉬고 싶은 마음에 되도록 저녁 시간의 모임은 사양하고, 가능한 점심식사로 대체하는 경우가 많습니다.

프렌치나 이탈리안 레스토랑에서 메인 요리를 선택하려고 하면 고기와 생선, 둘 다 맛있을 것 같아 망설여질 때가 있습니다. 그럴 때는 반드시 생선을 고릅니다. 슬슬 건망증이 신경 쓰이고 치매가 걱정되는 나이에 가까워지고 있습니다. 생선에 풍부하게 들어 있는 DHA(도코사헥사엔산)는 뇌세포 가능을 높이는 데 도움이 된다고 합니다. DHA를 충분히 섭취하면 뇌 내의 호르몬 세로토닌이 활발해져서 기억력도 좋아진다고도 하고요. 그래서 가능하면 생선을 많이 먹으려고 합니다. (생선 중에서도 고등어나 전갱이, 꽁치 같은 등 푸른 생선이나 연어, 참치 등에 DHA가 많이 포함되어 있다고 합니다.)

그렇지만 지친 몸에는 역시 고기가 제일이지요. 그럴 때는 고기 요리를 선택합니다. 모든 일이 그렇듯 식생활도 균형 있게, 한쪽으로 치우치지 않도록 제철 음식을 중심으로 골고루 먹으려 합니다.

🕐
1 min

자신의 나이와 몸의 상태에 맞는 음식을
고르는 일을 소홀히 하지 마세요.

손닿는 곳에 물 한 컵을 두세요

아침에 일어나면 물을 한 컵 마십니다. 손만 뻗으면 잡을 수 있도록 가까운 테이블 위에 둔 생수병에서 바로 따라서 꿀꺽꿀꺽 한 컵. 시간으로 따지면 20초 정도 걸립니다. 아침에 눈뜨자마자 마실 수 있도록, 잠들기 전 정해진 장소에 물이 있는지 확인하는 것도 습관이 되었습니다.

아침에 일어나자마자 물을 마시면 장이 자극된다고 합니다. 자는 동안 땀을 흘려도 수분이 부족해지지 않도록 잠들기 전에도 빼놓지 않고 물을 한 컵 마십니다. 뇌는 약 80퍼센트가 수분으로 구성되어 있기 때문에 하루에 1.5리터 정도는 물을 마시는 것이 좋다고 합니다.

물 이외에도 항산화작용을 하는 카테킨이 풍부한 차까지 포함하면, 보통 하루 2리터 정도는 마시는 것 같습니다. 피트니스에서 땀 흘려 운동한 뒤라면 찬물을 시원하게 마시는 것도 좋지만, 평소에는 맛 좋은 차 쪽이 마음도 더 여유롭고 편안해지는 기분입니다.

1 min

마음에 드는 잔을 손닿는 곳에 두고
물이나 차를 자주 마셔 보세요.
몸과 마음 모두가 건강해져요.

햇빛을 ─── 두려워하지 마세요

독일에 살던 시절에는 그 나라 사람들을 따라서 날씨만 좋으면 추운 한겨울이라도, 단 1분이라도 밖에서 일광욕을 하는 습관이 있었습니다. 일본에 비해 일조 시간이 적은 북유럽에서는 칼슘 결핍을 예방하기 위해서라도 햇빛은 더할 나위 없이 반가운 존재입니다. 남녀노소 상관없이, 한겨울에도 얇은 옷만 입은 채 야외에서 햇빛을 마음껏 쬐곤 합니다. 산책을 하기도 하고 느긋하게 누워 있기도 하며 무조건 햇빛을 찾아 밖으로 나옵니다.

나는 태양을 무척 좋아합니다. 매년 연말에는 남반구의 해변을 찾고, 여름에는 산에서 골프나 테니스를 치면서 야외활동을 즐깁니다. 자외선 때문에 기미가 생기지는 않을지 걱정하는 사람도 있습니다. 주름이야 이 나이쯤 되면 어쩔 수 없는 것이고, 기미는 비타민 D나 C 부족 때문에 생긴다고 하니, 오히려 자외선이 부족해 골다공증에 걸리지는 않을까 걱정입니다. 나이가 몇 살이든, 햇빛에 그을린 구릿빛 피부가 건강해 보이기도 하고요.

바다나 산에서 야외활동을 즐기다가 피부가 그을렸을 때는 반드시 과일 등으로 비타민 C를 충분히 보충하고, 온몸에 보디로션을 듬뿍 바릅니다. 아무리 건강한 구릿빛 피부를 자랑한다 해도 기미나 주름투성이 얼굴이라면 전혀 아름답게 느껴지지 않을 테니까요.

날씨가 좋은 날에는 일어나자마자 창문을 열고, 발코니에서 기지개를 켭니다. 온 힘을 다해 **태양을 향해 두 팔을 뻗으며** 오늘 하루도 활기차게 지내자, 심호흡을 합니다. 1분도 걸리지 않는 아침의 단순한 습관 하나로 몸도 마음도 의욕이 가득해지니, 참 신기한 일입니다.

🕐
1min

아침에 일어나면 창문을 열고

햇빛을 온몸으로 느껴 보세요.

아침 습관이 달라지면 하루 전체가 달라집니다.

마트나 백화점에서 장을 볼 때, 반드시 확인하는 것이 있습니다. 우리 집 냉장고에 된장이나 간장, 식초나 낫토 등 발효식품이 다 떨어지지는 않았나 하는 것입니다. 발효식품은 장 내 환경을 개선하고, 피부를 좋게 해주는 효과도 있다고 합니다. 그러니 식생활에서 하루라도 빠뜨릴 수가 없습니다.

브로콜리는 노화 방지와 암 예방 효과가 있다고 합니다. 장바구니에는 반드시 브로콜리, 토마토, 바나나, 사과 등 산화를 방지해 젊음을 유지하는 영양소가 많이 포함된 채소와 과일이

자리합니다.

장바구니 안에 일곱 가지 색깔의 채소를 모두 갖추는 것도 잊지 않습니다. '붉은색, 노란색, 초록색, 흰색, 갈색, 검은색, 보라색' 이 일곱 색깔의 채소를 되도록 꼭 식탁에 올리려 합니다. 장을 볼 때면 장바구니 안이 '일곱 색깔 팔레트'가 되어 있는지를 점검하면서 신선한 제철 채소를 고르는 것이 평소의 습관입니다. 때때로 표고버섯이나 팽이버섯 등의 버섯류도 추가합니다.

식재료를 고르는 기준을 정해두면 장 보는 시간도 단축되고, 사야 할 것을 깜빡하고 빠뜨리는 일도 없어집니다. 이것을 점검하는 데는 1분도 걸리지 않습니다.

🕐
1 min
젊음을 유지하는 방법은 거창하지 않아요.
몸에 좋은 식재료를 골라 요리하고 맛있게 먹어 보세요.

다양한 색상의 채소를 갖추어 놓고 식사를 하면
보기에도 좋고 몸에도 좋답니다.

만들기 쉬운 ——
평범한 음식이 좋아요

영국의 요리연구가 나이젤 슬레이터의 소박한 요리를 좋아합니다. 그의 요리는 빈말로도 아름답다거나 섬세하다고는 하기는 힘들지만, 평범한 사람들이 충분히 만들어 먹을 수 있는 일상적인 요리 아이디어가 많아서 흥미롭습니다. 특히 식재료를 소중히 여기는 마음이 느껴지는, 냉장고의 남은 재료를 탈탈 털어 쓰는 레시피가 굉장히 유용합니다.

나이젤의 레시피에는 일본에서 구하기 힘든 허브와 향신료도 있기 때문에, 나는 일본풍으로 살짝 변형해서 즐기곤 합니다. 한 주가 반 정도 지나가면 냉장고의 남은 채소와 버섯을 사용해 건강 수프를 만듭니다. 양배추 심, 셀러리, 토마토, 당근, 브로콜리 줄기, 양파 등 다양한 채소의 쓰고 남은 자투리와 먹지 않는 부분 등을 미리 잘라서 냉장고에 모아 두었다가, 물을 가득 담은 냄비에 넣기만 하면 됩니다. 이 과정은 1분이면 끝. 이제 뚜껑을 덮고 보글보글 끓입니다.

수프를 끓이는 동안은 옆에서 책을 읽거나 글을 쓰기에 최고의 시간입니다. 시간이 걸리는 요리를 할 때는 지켜보면서 동시에 할 수 있는 다른 일을 찾아내면 시간을 효율적으로 쓸 수 있습니다. 나이젤식으로 냉장고에 남은 채소를 버리지 않고 알뜰히 쓰면 조금은 의기양양해집니다. '나 좀 대견한데? 에헴.' 어쩐지 마음까지 풍족해지는 기분입니다. 마지막으로 소금, 후추로 간을 맞추고, 좀 피곤하다 싶을 때는 우유를 넣기도 합니다.

문득 독일의 마르크트(시장)에서 끈으로 묶은 당근이나 셀러리 같은 채소와 허브잎 자투리 같은 것이 채소 육수용으로 팔리고 있었던 것을 떠올립니다. 이런 채소를 끓여서 만든 육수를 '베지브로스'라고 하는데, 면역력을 높이는 효과와 항산화 작용이 있어서 몸에는 물론 피부에도 좋다고 합니다. 기분 탓인지 모르지만, 이 수프를 배불리 먹은 다음 날 아침에는 피부에 윤기가 돌고 탱탱해진 기분이 듭니다.

⏱
1min

마음만 먹으면 언제든지 만들 수 있는

소박하고 몸에 좋은 음식을 자주 만들어 보세요.

채소 그대로의 맛을 즐겨보세요

요리하는 것을 좋아하지만, 하루 종일 요리에만 매달려 있을 수는 없습니다. 요리 외에도 매일 해야 할 일이 많이 있으니까요.

그래서 시간이 걸리는 찜이나 조림 요리는 주말 같이 여유 있을 때 하고, 평소에는 가능한 짧은 시간 안에 끝나는 요리를 하는 식으로 조절하고 있습니다. 대신 건강을 위해서 채소와 과일은 조금이라도 더 많이 먹고 있습니다. 특히 제철 채소와 과일을 말이에요.

이렇게 강약을 조절하는 것은 일과 가사를 병행하는 데 있어서도 매우 중요합니다. 마음에 여유가 있어야 일과 가사 양쪽에서 충족감을 얻을 수 있기 때문입니다. 바쁠 때 도움이 되는 '1분 요리 레시피'를 몇 가지 소개합니다.

‖ 제철 채소 말랭이 ‖

제철 채소가 있으면 그대로 썰어서 채소 말랭이를 만듭니다. 아삭아삭한 무도 사오자마자 통째로 쓱쓱 썰어 햇볕에 말립니다. 자르기만 하면 되니까 몇 초면 끝납니다.

대바구니에 올려 밖에서 하루 정도 말리면, 무가 마치 마술이라도 부린 듯 더욱 달아집니다. 조림을 해도, 그대로 샐러드로 만들어도, 달콤함이 입 안에 가득 퍼져 나갈 정도로 맛있어집니다. 조미료도 필요 없을 정도로 채소 본래의 맛이 생생하게 살아납니다.

겨우 몇십 초 수고를 들였을 뿐인데, 하루만 기다리면 맛있는 채소를 먹을 수 있습니다. 그 순간을 상상하면 무를 자르는 손길이 벌써 춤을 춥니다.

맑은 날을 골라 채소를 말립니다.
채소의 단맛이 살아나 더 맛있어지거든요.

‖ 속성 채소 장아찌 ‖

어느 날 100엔 샵에서 작은 장아찌 용기를 발견했습니다. 적양배추를 손으로 찢거나 칼로 싹둑싹둑 썰어서 소금 약간과 레몬즙을 뿌리고 눌러 두면 끝. 어떨 때는 고춧가루를 솔솔 뿌리기도 합니다. 손으로 찢든 칼로 썰든 걸리는 시간은 단 몇 초. 이제 하루 기다리기만 하면 되니 조리 시간은 0분으로 끝나는 셈입니다.

건강한 생활을 하려면 채소를 빼놓을 수 없다는 것을 알고
있어도, 버리지 않고 전부 다 쓰기는 제법 어렵습니다. 하지만
1분만 투자하면 채소를 훨씬 더 잘 활용하고, 더 신선하게 보존
할 수 있습니다.

‖ 레몬에서 더 많은 즙을 짜려면 ‖

영국의 유명 셰프 고든 램지의 요리 방송을 재미있게 보고
있습니다. 프로 셰프만 아는 유용한 팁들을 아낌없이 알려주는

덕분에 요리 플레이팅은 물론, 식재료 고르기와 손질하기에 굉장히 도움이 됩니다.

고든 램지는 레몬 한 개에서 조금이라도 많은 레몬즙을 짜려면 "1분간 도마 위에서 데굴데굴 굴려라"고 하면서 레몬을 도마 위에서 굴립니다. '1분'이라는 표현이 나오는 것이 프로 셰프답다 싶어서 레몬을 굴리는 손길을 보면서 감탄했습니다. 확실히 그냥 짤 때보다 레몬즙이 더 많이 나옵니다.

‖ 유자에서 더 많은 즙을 짜려면 ‖

일본에는 유자가 있지요. 생선 구이, 맑은 국물, 조림 등에 빼놓을 수 없는 과일입니다. 레몬과 마찬가지로 비타민 C가 풍부해서, 목욕물에 넣으면 거칠어진 피부나 수족냉증에 효과적이라고 합니다. 유자의 향기는 요리의 맛을 더 돋보이게 할 뿐 아니라, 피로해진 마음을 안정시키는 힐링 효과도 있습니다. 유자 껍질을 벗기기 전에 껍질 전체에 소금을 가볍게 뿌린 뒤 벗기면 향기가 몇 배나 강해집니다.

‖ 잎채소를 보관할 때는 입김을 불어서 ‖

시금치, 소송채, 경수채 같은 잎채소는 보통 신문지로 싸거나 비닐봉지에 넣어 냉장고에 보관합니다. 이때 비닐봉지에 입김을 후우 불어넣은 뒤 묶으면 잎채소가 오래갑니다.

‖ 양상추를 아삭아삭 신선하게 보관하려면 ‖

양상추는 식욕을 돋우는 아삭아삭한 식감이 제맛입니다. 하지만 냉장 보관해도 의외로 빨리 시들고 신선도를 유지하기 어렵습니다. 양상추는 심을 잘라내고 거기에 밀가루를 듬뿍 묻혀 문지른 뒤 비닐봉지에 넣어 냉장고에 보관하면 신선함이 두 배는 오래갑니다. 후우 입김을 불어넣는 것도 잊지 마세요.

매일 아침 식사를 기록해 보세요

　작은 노트에 그날 먹은 아침식사를 매일 빼놓지 않고 메모합
니다. 작은 노트는 가방에 반드시 챙기기 때문에 언제 어디서
든 무엇을 먹었는지 떠올리면서 적을 수 있습니다. 단 기본적
으로 그날 안에 쓰도록 하고 있습니다. 모든 일이 그렇듯 방금
있었던 일은 생생하게 기억나지만, 시간이 지나면 생각해내는
데 시간이 걸리고 무엇을 먹었는지도 잊어버리기 쉬우니까요.

　우리 집의 아침식사는 평일에는 주로 밥, 휴일에는 빵 등으
로 가볍게 먹습니다. 메인 요리는 생선과 고기를 교대로 먹도

록 신경을 씁니다. 아침식사 노트에는 그날 먹은 된장국에 든 건더기까지 쓰기 때문에 항상 먹는 채소만 먹지 않도록 신경을 쓰게 되고, 최근 들어 탄수화물 섭취량을 줄이면서 그만큼 샐러드와 과일, 조림 종류가 늘어나는 것도 한눈에 알 수 있습니다.

2~3일분을 쭉 훑어보노라면 일찍 일어나 아침식사를 만드는 부지런한 나에게 새삼 칭찬을 해주고 싶어집니다. 때로는 더 편하게 요리할 방법이 없을까 궁리하는 것도 즐겁습니다.

⏱
1 min

휴대하기 좋은 작은 노트나 휴대전화 메모장에

매일 아침 내가 무엇을 먹었는지 기록해 보세요.

자연스럽게 균형 잡힌 식사를 하게 될 거예요.

매일 1분 운동을 해보세요 ──

언제나 건강하고 활기차게 살기 위해서는 올바른 식사와 매일의 소소한 생활 습관, 그리고 무엇보다 운동이 중요하다고들 합니다. 물론 스트레스를 받지 않는 것도 중요하지요.

근육을 움직이면 혈액순환이 좋아지고, 근육량이 늘어나면 기초대사량이 올라가 살이 잘 찌지 않는 체질이 될 수 있습니다. 주 3회 정도는 피트니스센터에 가자고 결심했지만, 그날의 업무 일정이나 몸 상태, 또 날씨에 따라서 좀처럼 지키기가 어렵습니다. 무리해서 피트니스에 가지 않고도 다른 일을 하는 와중에 동시에 할 수 있는 근력운동이 있다면 참 좋겠지요?

매일 집에서 틈틈이 할 수 있는 1분 근력운동을 소개합니다.

‖ 1분 제자리걷기 ‖

텔레비전을 보거나 음악을 들을 때, 등을 곧게 펴고 팔을 크게 휘두르면서 허벅지를 가능한 위로 올리며 제자리걸음을 합니다. 텔레비전 화면의 시간을 보면서 1분간 하고 멈춥니다. 사람에 따라 다르겠지만, 1분간 제자리걷기를 하면 나는 땀이 살짝 배어 나옵니다.

‖ 1분 스쿼트 ‖

유명한 80대 여배우가 젊음의 비결을 묻는 질문에 자신은 하루에 반드시 스쿼트 50번을 한다고 대답했던 것이 생각납니다. 의사인 친구의 말에 따르면 근육량이 많으면 근육의 젖산이 증가해 뇌를 자극하고, 호르몬 분비도 활성화된다고 합니다. 특히 다리와 허리를 단련해 두면 나이 들어서도 자기 힘으로 걷는 데

지장이 없습니다.

50회는 무리라 해도 천천히 10번, 1분 정도라면 어떻게든 할 수 있을 거라고 생각해 스쿼트를 시작했습니다. 양손을 머리 뒤로 올려 깍지를 끼고, 다리는 어깨너비로 벌려 섭니다. 가능한 허벅지가 바닥과 평행이 될 때까지 구부렸다가 무릎을 조금 굽힌 채 일어서기를 반복합니다. 텔레비전을 보거나 음악을 들으면서 동시에 손쉽게 할 수 있는 1분 근력운동입니다.

‖ 1분 유산소운동 ‖

산책 같은 유산소운동은 기분 전환이 될 뿐 아니라 혈액순환에도 좋습니다. 산책은 몸은 물론 마음에도 효과가 좋지만 비가 오거나 바쁜 날에는 거르기 쉽습니다. 그럴 때를 위해 언제든지 할 수 있는 유산소운동을 알아두면 유용합니다. 나는 멀거니 텔레비전을 보고 있다가도 갑자기 정신을 차린 듯이 이 1분 유산소운동을 시작할 때가 있습니다.

어깨너비로 다리를 벌리고 서서 오른팔 팔꿈치를 왼쪽 무릎에 가져다 댑니다. 몸을 비틀어서 반대쪽도 똑같이 합니다. 이

동작을 반복합니다. '하나둘' 세면서 하면 1분 동안 보통 50번 정도를 할 수 있습니다. 절대로 무리하지는 마세요. 조금 땀이 배어 나오면 멈춥니다.

나는 저녁을 먹은 뒤 30분 이상 지난 후나 목욕하러 들어가기 전에 하고 있습니다. 보통은 1분 근력운동과 1분 유산소운동을 연이어서 합니다.

‖ 1분 스트레칭 ‖

근력운동이나 유산소운동을 쾌적하게 하기 위해서는 스트레칭이 중요합니다. 스트레칭은 몸의 유연성을 높이고, 피로해진 근육을 풀어줍니다. 경험상 1분 이내의 스트레칭을 여러 가지 조합해서 하면 꾸준히 할 수 있습니다.

‖ 책상다리 스트레칭 ‖

내가 즐겨 하는 스트레칭입니다. 등을 똑바로 쭉 펴고 책상다리를 하고 앉습니다. 그대로 양손과 몸을 앞으로 숙입니다.

오른다리와 왼다리의 위치를 번갈아 바꾸어 주는 것이 포인트
입니다.

‖ 목 스트레칭 ‖

목 스트레칭은 언제 어디서든 할 수 있어 어깨 결림을 푸는
데 편리합니다. 한쪽 손으로 머리 위를 누르고, 그쪽 손 방향으
로 천천히 머리를 기울입니다. 이것을 양쪽 번갈아가며 세 번씩
반복합니다. 이걸로 30초. 허리 뒤에 손을 모으고 목을 좌우로
돌립니다. 30초 정도 돌리면 합쳐서 1분.

생활 속 작은 운동을 만들어 보세요

피트니스센터는 기분 전환을 겸해 가능한 주 2회 이상 가려고 합니다. 하지만 운동을 위한 장소만이 아니라 평소 생활 속에서도 가능한 운동하는 시간을 포함시키려 합니다.

건강을 위해서도 언제 어디서나 몸을 움직이는 습관은 매우 중요합니다. 물론 식후 30분은 느긋하게 쉬고, 밤에는 충분한 수면을 취합니다. 가끔 즐기는 휴식은 좋지만, 시간이 있다고 멍하니 텔레비전을 보면서 늘어져 있는 일 없이 내 나름의 방식으로 운동을 합니다.

몸이 힘들지 않을 때는 에스컬레이터나 엘리베이터의 유혹에 넘어가지 않고 계단을 이용합니다. 내려갈 때는 혹시 넘어질지도 모르니 반드시 난간과 가까운 위치를 선택합니다. 다리와 허리가 단련되면 역의 계단을 오르내리는 정도는 붐비는 엘리베이터를 기다리는 것보다 시간이 덜 걸린답니다. 전철 안에서도 가능한 자리를 양보하고, 어지간히 힘들지 않은 한 서서 갑니다.

명상을 하거나 가끔 아무 생각 없이 쉴 때만 아니라면, 집에서도 가능한 바지런히 몸을 움직이는 버릇을 들이려 합니다. 때로는 귀찮고 번거롭더라도 문득 뭔가가 생각나거나 필요한 것이 떠오르면 '운동이야, 운동' 하고 되뇌며 몸을 움직이는 기회로 삼습니다. 전화통화를 하면서도, 텔레비전을 보면서도, 일상 속에서 시시때때로 기회가 있을 때마다 몸을 움직이는 것을 습관으로 삼으려 합니다.

양말을 신거나 바지를 입을 때도 반드시 선 채로, 한쪽씩 다리를 올리면서 신고 입습니다. 이렇게 하면 어느새 균형 감각이 몸에 배어 비틀거리거나 넘어지지 않게 됩니다. 하지만 익숙해지기 전까지는 벽에 기대어 하는 편이 안전합니다.

주위를 둘러보고 즐겁게 긍정적으로 주의를 기울이면 이런 1분 이내의 간단한 운동은 얼마든지 발견할 수 있습니다. 그것들을 조합하여 일상에서 하는 습관을 들이면 어떻게든 피트니스센터에 갈 시간을 만들어야 한다는 부담감도 없어질 것입니다.

○
1 min

몸과 마음 모두 젊어지게 하는 비결은.

생활 속 작은 운동을 멈추지 않는 꾸준함입니다.

전체적인 내 모습을 점검하는 시간은 필요해요

독일에 살 때 이웃들을 보면 어느 집이든 현관에 큰 거울이 있었습니다. 친구에게 그 이유를 물어보니 자기만이 아니라 손님들도 몸차림을 가다듬는 데 유용하고, 무엇보다도 집 안이 넓어 보인다고 합니다.

방에 거울이 있으면 자신의 행동거지는 물론, '조금 배가 나온 것 같아', '머리 자를 때가 된 것 같은데?', '이 옷은 잘 안 어울린다' 등 나의 실제 모습을 언제나 체크할 수 있습니다. 후줄근한 내 모습을 직시하는 것은 괴로운 일이지만, 거울 속의 내 모습에 홀려 있지만 않는다면 거울을 보는 것 자체에 많은 시간을 투자할 필요는 없습니다.

언제든지 거울을 보고 내 모습을 점검할 수 있도록 우리 집 방마다 크고 작은 거울을 벽에 걸어 두었습니다. 침실에는 벽 전체가 거울로 되어 있어서 전신을 볼 수 있기 때문에 외출하기 전에 전체적인 모습은 물론, 뒷모습까지 확인할 수 있습니다.

🕐
1min

하루 한 번 전신거울에 비친 자신의 모습을 살펴보며

매무새를 점검하는 시간을 가져 보세요.

현관에 거울을 두면 사람은 물론
집 안의 아름다움도 점검할 수 있어요.

약간만 신경 쓰면 — 매력적인 사람이 될 수 있어요

내가 아는 어떤 여배우에게 화장을 하는 데 자그마치 2시간이나 걸린다는 이야기를 듣고 '세상에, 말도 안 돼!' 하고 기함한 적이 있습니다. 아름다움이 재산인 여배우니 어쩔 수 없을 거라고 납득하기는 했지만, 나라면 그 시간을 메이크업에 투자하기보다는 책을 읽거나 꽃에 물을 주거나 가까운 백화점 지하에 장을 보러 가고 싶은 마음입니다.

내가 화장을 하는 데 걸리는 시간은 깜짝 놀랄 정도로 짧습니다. 세안을 한 뒤, 스킨을 톡톡 두드려 바르고 로션을 꼼꼼히

바를 뿐. 얼굴이 피곤해 보인다 싶을 때는 로션에 파운데이션을 소량 섞어서 바릅니다. 거기에 아이라인을 그리고 립글로스를 바르면 끝. 불과 1분 정도입니다.

나는 누구를 만날 때마다 항상 "화장을 연하게 하시네요"라는 말을 듣곤 합니다. 화장에 시간을 거의 들이지 않으면서도 매력적인 인상은 주는 것은 중요하다고 생각합니다. 강연이나 회의에서 많은 사람을 만나게 될 예정이라면 평소보다 눈매를 또렷하게 보이기 위해 아이라인을 선명하게 그리고 마스카라를 한 뒤 아이섀도도 살짝 진하게 바릅니다. 아이섀도는 계절이나 그날의 기분에 따라 연한 갈색에서 블루, 그린 등으로 조금 바꾸기도 합니다.

🕐
1 min

'풀 메이크업'은 하지 않지만

그래도 '노 메이크업'은 아닌,

티 내지 않고 신경 쓰고 있음을 보여주면 어떨까요?

　남들에게서 "참 시크해서 멋진 사람이야"라는 말을 듣는 사람을 보면 등을 적당히 쭉 펴고 있어 자세가 바르고 아름답습니다. 나는 거리를 걸을 때면 꼭 쇼윈도에 비친 내 모습을 확인합니다. 혼자 컴퓨터 앞에 앉아 글을 쓰는 작업을 할 때도 구부러진 등을 의식적으로 펴려고 합니다. 거리에서든 집에서든 항상 바른 자세를 취하고 싶으니까요.

　고민이 있을 때도, 마음이 슬플 때도, 좌절을 겪고 낙심해 있을 때도, 등을 쭉 펴 봅니다. 그러면 신기하게도 어딘가에서 긍정적인 기분이 솟아나 기운을 되찾게 됩니다.

자세가 좋으면 마치 요가를 할 때처럼, 몸속에서 좋은 에너지가 솟아나는 듯한 효과를 느낄 수 있습니다. 때때로 내 자세를 점검하고 등을 쭉 펴는 습관은 밝고 건강하게 살 수 있게 해주는 영양제가 되어 줍니다. 물론 즐거울 때와 웃길 때는 배를 잡고 신나게 웃어야 제맛이지만요.

①
1 min

웅크린 등을 바로 세우는 그 순간,

기분이 좋아질 때가 있어요.

바른 자세는 마인드 컨트롤에도 도움이 됩니다.

매일 아침 몸무게를 — 체크해 보세요

몇 년째 아침에 일어나면 바로 몸무게를 재고 있습니다. 최근에 새로 산 체중계는 체중은 물론, 골격근량, 내장 지방과 체내 연령까지 표시됩니다. 덕분에 간단한 방법으로 매일매일 건강 상태를 체크할 수 있습니다.

꾸준히 몸무게를 재면 나의 몸 상태나 컨디션도 잘 알 수 있게 됩니다. 평소의 몸무게를 알고 있으니까 방심하고 많이 먹어서 몸무게가 늘면 며칠 안에 반드시 되돌리려고 식단 조절을 하거나 운동을 하는 등의 노력을 하게 됩니다. 반면에 식욕이 없어 몸무게가 줄면 최대한 무리하지 않고 몸을 돌보게 됩니다.

🕐
1min

매일 몸무게를 재는 것은

평소의 건강 상태나 라이프 스타일을

다시 한 번 점검해 보는 계기가 됩니다.

깔끔한 옷차림을 위해서는 —
작은 노력이 필요해요

두꺼운 코트나 모피는 손질하기에 따라서 아름다운 상태로 오래 입을 수 있습니다. 모직 코트나 모피는 겉보기에 깨끗해 보이더라도 한 번 입고 나면 보이지 않는 오염 물질과 먼지를 흡수합니다. 그래서 **현관문 앞에서 손으로 가볍게 두드려 먼지를 털어내고 옷걸이에 걸어서 부드러운 의류용 브러시로 어깨부터 전체적으로 가볍게 브러싱을 합니다.**

더러워진 부분이 있다면 따뜻한 물에 적셔 꼭 짠 수건으로 톡톡 두드리듯이 닦아냅니다. 이때 바로 옷장에 넣지 말고 행거에 하룻밤 걸어 두어서 통풍과 자연 건조를 시킵니다. 이 과정에 익숙해지면 코트를 벗자마자 당연히 하게 되는 습관으로 자리 잡게 됩니다.

외출했다가 돌아오자마자 옷이나 코트를 터는 습관은 봄철 꽃가루가 날리는 시기에 알레르기를 방지하는 데도 효과적입니다.

①
1min
아끼는 옷을 오래도록 입고 싶다면
그때그때 바로 손질하고 관리해 주세요.

다림질에 우아한 향을 더해 보세요

세탁은 대부분 기계가 하지만, 다 된 빨래를 널 때는 귀찮더라도 내 손으로 직접 하는 수밖에 없지요. 어떻게 하느냐에 따라서 여기에 드는 수고를 크게 줄일 수 있습니다.

세탁같이 매일 해야 하는 간단한 집안일일수록, 습관을 들이면 인생이 편해지는 아이디어를 수없이 찾아낼 수 있습니다. 다림질할 필요 없이 빨래를 너는 습관을 들이면 세탁에 드는 시간이 단축되어 몸과 마음에 여유가 생깁니다.

빨래를 널 때는 옷의 재봉선을 따라 훑어내면서 주름을 폅니다. 옷 전체의 주름은 옷걸이에 건 뒤에 양손으로 가장자리를 잡고 가볍게 좌우로 잡아당깁니다. 이렇게까지 했는데도 주름이 져서 펴야 할 때는 다림질을 합니다. 이때 **스팀다리미의 물 속에 좋아하는 오데코롱을 한 방울 떨어뜨립니다.** 다림질을 하고 있는 중에도, 끝난 뒤에도 옷에서 은은한 향기가 납니다. 중성적인 시트러스 계열의 향을 추천합니다.

이 습관은 만요슈(萬葉集, 630~760년 사이에 주로 쓰여진 일본에서 가장 오래된 가집(歌集) -옮긴이)를 읽다가 떠올린 것입니다. 헤이안 시대(794~1185년)에는 방에 향을 피워서 그 향기를 옷에 스며들게 한다는 우아하기 그지없는 풍습이 있었습니다. 이 풍습은 전국 시대(1491~1565년)로까지 이어져 내려왔다고 합니다. 무미건조해지기 쉬운 요즘 같은 바쁜 시대에야말로 되살려 보고 싶은 풍습입니다.

스팀다리미 물속에 마음에 드는 향을 더하면

내가 즐겨 입는 옷의 구석구석에

나만의 향기가 스며들어요.

생각만 해도 기분이 좋아지지 않나요?

나다운 스타일을 계속해서 찾아나가요

전에는 옷장 앞에만 서면 무엇을 입을지 결정하지 못해서 항상 짜증이 나곤 했습니다. 옷이 너무 많으면 무엇과 무엇을 조합해야 나다우면서 만족스럽게 멋을 낼 수 있을지를 알 수 없게 됩니다.

그런데 나다운 멋이란 나만의 패션 스타일이란 대체 무엇일까요? 먼저 지금 내가 무엇을 원하는지 생각해 보았습니다. 결론은 일도, 혼자만의 시간도 소중히 여기고 싶은 마음. 내가 추구하는 패션 테마는 '세련된 캐주얼'입니다. 고급스러워 보이지만, 조금은 격식을 벗어난 참신함도 겸비한 그런 패션이 나답다고 생각했습니다.

　회의나 사업에 관련된 회식, 미팅에는 울 또는 캐시미어 같은 질 좋은 소재로 만들어진 고급스러운 색감의 상의. 이너는 실크나 코튼, 리넨 등 자연 소재의 블라우스나 티셔츠. 하의는 슬림핏의 팬츠 또는 무릎 위 10센티미터 길이의 스커트. 스커트 길이는 나이를 신경 쓰지 않고 조금 짧게 입습니다. 그래야 활기차 보이니까요.

　평소에는 개인적인 시간에만 입는 청바지도 기본 스타일을 고급스러운 상의와 매치하면 야외에서 열리는 편한 분위기의 회식이나 모임에서 조금은 파격적인 변화를 즐길 수 있습니다. 패션은 지나치지 않은 선에서, 격식을 조금 벗어나는 편이 보기에도, 입는 나도 즐겁습니다.

　블라우스는 유행이 없어 손질만 잘하면 오래 입을 수 있지만, 색감을 즐길 수 있는 캐주얼한 티셔츠는 유행색을 시도해가며 자주 새로운 것을 살 수 있도록 젊은 세대 취향의 브랜드인 H&M이나 ZARA에서 고릅니다.

"나의 패션 규칙은 자유로운 조합을 즐기면서 반드시 고급스러운 아이템을 하나 더하는 거예요."

얼마 전 도착한 패션잡지 《보그》에서 요즘 전 세계의 젊은 여성들의 동경의 아이콘인 패션모델 올리비아 팔레르모가 이렇게 말한 것을 읽었습니다.

'그래, 바로 이거야.'

내 생각을 인정받은 것 같아 기분이 좋았습니다.

나는 패션에 있어서는 자유롭게 유행을 따르는 것도 좋지만, 어른의 패션에는 어딘가 고급스러움이 느껴지지 않으면 의미가 없다고 생각합니다. 가지고 있는 옷 중에서 지금의 내 모습과 맞지 않는 것은 큰마음 먹고 처분하기로 했습니다. 정장용 롱스커트나 상의는 몇 벌 남겼지만요.

유행이 지나 더 이상 어울리지 않지만 그래도 좋아하는 옷, 비싸게 산 옷 등에는 미련이 남지만, 너무 오래된 것이나 나의 테마에 맞지 않는 것은 일단 퇴장시키고, 그중에서 1년 이상 빛을 보지 못한 것에는 이별은 고할 예정입니다. 나중에 생각해 내고는 '버리지 말걸 그랬어. 어쩌지!' 하고 후회하는 일이 없도록, 처분할 때는 하더라도 억지스럽지 않게 조금씩 자연스럽게 작별하려 합니다.

나다운 패션에 대한 기준이 확실해지면

옷을 살 때의 기준도 분명해지고,

사고 싶다고 덥석 집어 드는 충동구매도 막아 줍니다.

나만 아는 행운의 상징을 — 몸에 지녀 보세요

아주 오래전, 성년의 날을 맞아 어머니가 진주 목걸이를 선물해 주셨습니다. 그것이 계기가 되어, 그 후로 진주는 나에게 행운의 상징이 되었습니다.

여행을 갔다가 구입한 것, 돈을 모아 기념 삼아 수집한 것, 알이 고른 것, 커다란 남양 바로크, 알이 작은 담수진주 등 하나하나 세어 보니 자그마치 10개가 넘습니다. 나이를 먹는다는 것은 그만큼 물건이 많아지는 결과를 가져올 때가 있습니다. 비싼 진주를 이대로 상자 안에 보관만 해서는 너무 아깝다는 생각이 든 나는 진주가 활약할 기회를 늘리기로 했습니다.

공식 석상은 물론, 잠시 집 앞 슈퍼나 백화점 지하로 외출할 때도 평소에 입는 블라우스와 티셔츠, 스웨터 위에 언제든지 항상 착용하기 시작했습니다. 이것만으로도 괜히 세련된 사람이 된 것 같은 기분이 들고, 기분 탓인지 진주도 기뻐하는 것 같습니다.

🕐
1 min

좋아하는 액세서리나 세련된 아이템을 착용하면

품위 있는 사람이 된 것 같은 기분이 들어요.

그런 날은 말과 행동 모두 평소와 달라지기도 합니다.

오늘 하루 수고한 ──
구두에게 휴일을 주세요 ──

아침에 집을 나서면서 반드시 어제 신은 구두를 수납합니다. **구두는 오래 신기 위해서라도 한 번 신고 난 뒤에는 하루 이상 그대로 두는 것이 가장 좋습니다.** 집 안을 환기시키듯이 구두 안에도 바람을 통하게 해서 땀으로 축축해진 구두를 자연 건 조시키는 것이 구두에게는 무엇보다 좋은 보약입니다. 아침이 되면 하룻밤 푹 쉰 구두의 먼지를 털고 깨끗이 닦아 신발장에 수납합니다. 이렇게 하면 구두 손질까지 손쉽게 끝낼 수 있습 니다.

자, 오늘도 힘내자!

구두가 없는 깨끗한 현관에 "다녀오겠습니다" 하고 인사를 건네면 온몸에 활기가 넘쳐흐릅니다.

신발장에 비누를 넣어 두면 가죽 냄새나 다른 꿉꿉한 냄새가 사라집니다. 세숫비누를 티슈로 감싸서 신발장에 넣어 두기만 하면 됩니다. 또 새로 산 가죽 가방에 넣어 두어도 가죽 특유의 냄새가 사라집니다. 비누를 넣어 둘 뿐이니까, 1분도 걸리지 않습니다.

🕐
1min

오늘 신은 구두는 가볍게 손질해서 하루 정도 쉬게 해주고, 신발장에서 꺼낸 기분 좋은 비누향이 나는 구두를 신고 하루를 시작해 보세요.

신선한 과일은 ─
꼭 챙겨 주세요

독일에서 사과는 "사과 농사가 잘된 해에는 아픈 사람이 없다"는 말이 있을 정도로 없어서는 안 되는 과일이자 보약이고 또 영양제입니다. 얼마 전 이와테에 사는 지인에게서 "건강을 위해서 매일 꼭 드세요"라며 사과 한 박스를 선물 받았습니다.

건강을 위해 사과를 먹는 것은 일본인도 마찬가지인가 봅니다. 일본의 사과는 독일 것처럼 단단하고 작은 것이 아니라, 크고 달콤하며 아삭거리고 과육도 부드러워 깊은 맛이 나서 맛있습니다.

잘 씻어서 네 조각으로 자른 뒤 껍질째로 와삭와삭 씹어 먹습니다. 지금은 밤하늘의 별이 되어버린 사랑하는 나의 애견 동키는 사과를 무척 좋아해서, 사과만 쥐어 주면 신나서 씨까지 맛있게 먹었더랬지요. 그런 동키를 떠올리며 신선한 사과를 맛보곤 합니다.

점심식사를 과하게 했다 싶은 날 저녁에는 사과와 우유만으로 저녁식사를 끝내서 체중을 유지합니다. 신선한 사과는 껍질째 얇게 썰어 홍차에 넣어서 마셔도 맛있습니다. 사과는 다이어트에도 좋고 장을 깨끗이 해주는 효과도 있으며 영양도 가득한 만능 과일입니다.

피트니스센터에서 배가 좀 고프다 싶을 때는 바나나를 하나 먹습니다. 바나나 두 개가 밥 한 공기에 해당한다고 하니까 반드시 운동 전에 먹고 있습니다. 소화 흡수가 잘되고 몸에서 불필요한 염분을 배출시키고, 피로 회복 효과도 있다고 하니, 운동할 때 딱 좋은 훌륭한 과일입니다.

내 몸이 필요할 때 신선한 과일을 잘 챙겨 먹으면

가벼운 몸과 건강한 피부를 유지할 수 있어요.

눈에 잘 띄는 곳에 과일을 두면,
굳이 의식하지 않아도 과일을 먹을 수 있고,
부엌의 분위기도 한층 밝아집니다.

단정하고 아름답게 살기 위한 습관

풍요롭고
사려 깊게

생활 속 작은 습관은 사소한 것이어서
그것이 나와 내 주위 사람들에게
얼마나 큰 영향을 주는지 잊어버리기 쉽습니다.
사소한 배려, 따뜻한 말 한마디는
내가 얼마나 괜찮은 사람인지 깨닫게 해주고,
곁에 있는 사람들까지도 밝게 만들어 줍니다.

행복은 생각보다 가까운 곳에 있어요

어느 영국 드라마에서 중년의 부부가 강변의 벤치에 앉아 집에서 만들어온 샌드위치를 먹다가 아내가 남편의 어깨를 상냥하게 끌어안고 "행복이란 작은 감동을 쌓아가는 거니까요"라고 속삭이는 장면을 본 적이 있습니다.

큰 행복은 거품처럼 한순간에 사라져버리지만, 마음속 깊이 스며드는 작은 행복은 가까이에 있는 감동의 순간들이 켜켜이 쌓여가면서 느끼게 되는 것이지요. 문득 올려다본 높은 푸른 하늘, 길가에 가련하게 핀 이름 모를 꽃을 보고 '아, 정말 아름답구나' 하고 감동합니다. 먼 여행지에서 만난 낯선 사람에게서 들은 "즐거운 여행 되세요"라는 상냥한 배려의 말에 마음이 따스해집니다.

이런 작은 감동은 언제 어디서든, 그것을 받아들일 마음만 있으면 쉽게 발견할 수 있습니다. 가까이에서 발견한 작은 감동으로 온몸을 가득 채우면 요동치던 마음속의 거친 풍파가 어느새 잠잠해집니다.

1 min

매일의 삶을 즐기면서 정성을 다해 가꾸다 보면
일상 곳곳에 놓여 있는 작은 감동을 발견할 수 있어요.

사소한 일로 스스로를 괴롭히지 마세요

　지금의 나를 아는 사람들은 '설마, 믿어지지 않아'라고 합니다만, 예전의 나는 사소한 일에도 노심초사하며 끙끙 앓곤 했습니다. 회의나 강연에서 해방되어 혼자가 되면 혹시 실례가 되는 말을 한 건 아닐까, 별로 도움이 안 되는 이야기를 한 것 같은데 어쩌나, 떨지 않고 말은 잘 했나, 그 이야기는 다른 방식으로 할 수도 있었을 텐데…… 등등, 반성의 시간이 끝도 없이 이어졌습니다. 사람을 많이 만난 날은 밤이 되면 피로가 한꺼번에 몰려와 털썩 쓰러질 정도로 몸도 마음도 녹초가 되어 버렸습니다.

그렇다고 아무도 만나지 않고 깊은 산속의 신선처럼 살 수는 없으니, 내가 그렇게 사소한 일로도 노심초사하는 원인을 생각해 보았습니다. 자의식 과잉, 지고 싶지 않다는 승부욕, 남들에게 좋게 보이고 싶은 마음……

'뭐야, 겨우 이런 걸로 고민한 거였어?'

갑자기 찬물을 뒤집어쓴 것 같은 기분이었습니다. 사소한 것에 연연하는 나의 성격과 버릇이 스스로에게 압박을 가하고 있었던 것입니다. 남들은 내가 신경 쓰는 것만큼 대단하게 생각하지 않는데 말이지요. 아무래도 좋을 일로 노심초사하다 보면 부정적이고 어두운 성격이 되고, 무엇보다 조금도 즐겁지 않습니다. 내가 스스로를 괴롭혀서 좋을 일이 뭐가 있을까요.

'오늘의 반성은 하지만, 그 뒤에는 잊어버리자.'

이렇게 결심하니 마음도 가벼워지고, 내일에 대한 희망도 샘솟습니다. 지금도 예전만큼은 아니지만 때때로 '자기혐오'나 '반성 시간'을 시작하고 싶어질 때가 있습니다. 그럴 때면 "이 나이 먹어서까지 그런 일로 고민할 수는 없지!" 하고 마음속의

불안을 싹둑 잘라버립니다. 나이를 먹으니 삶의 지혜도 이렇게
단호하게 발휘할 수 있게 되나 봅니다.

1 min

오늘의 사소한 고민과 걱정은 내일까지 가져가지 마세요.

어차피 해결할 수 없는 일들로

스스로를 괴롭히는 것이니까요.

고교 시절 고문(古文) 과목 선생님의 별명은 '밤손님'이었습니다. 교실에서 항상 때 묻은 검은색 겉옷을 걸치고 있었기 때문입니다. 선생님의 수업은 종종 교과서에서 벗어나 때때로 인생론으로 흘러가곤 했습니다. 그 선생님의 입버릇은 "큰 절망은 큰 희망으로 이어진다"였습니다.

"낙심하고 절망에 빠졌을 때, 크게 한탄하고 슬퍼하도록 해라. 슬픔과 괴로움에서 곧바로 일어서려고 해서는 안 된다. 칼에 베인 상처는 그렇게 금방 낫지 않는단다. 약을 바르고 시간이 지나 천천히 아물기를 기다려야 한다. 그래야 상처가 깨끗이 나을 게야."

마음도 이와 마찬가지입니다. 슬플 때는 크게 한탄하며 슬퍼하고, 소리 내어 울고 눈물을 흘리면서 감정을 온몸에서 토해냅니다. 그렇게 하면 마음이 가벼워지고 홀가분해집니다.

그래서 마음이 무겁고 괴로울 때면 슬픈 음악을 틀어놓고 슬픔에 젖습니다. 슬픈 음악을 듣기 시작한 지 1분 정도 지났을 때 이번에는 밝고 대중적인 음악을 들으면 기분이 다시 좋아집니다.

심리학책을 봤더니 슬플 때 슬픈 음악을 듣는 것을 '아리스토텔레스의 동질효과'라 부른다고 합니다. 또 슬픈 음악을 들은 뒤에 즐거운 음악을 들었을 때 기분이 좋아지는 것은 '피타고라스의 역치법'이라 한다고 하네요.

힘들 때 '큰 절망'에 푹 빠져버리면 오히려 마음이 누그러지면서 편해집니다. 골프에서 손의 움직임보다 늦은 타이밍에 레이트히트(late hit)를 쳐야 공의 비거리가 늘어나는 것처럼요.

　지금은 돌아가신 '밤손님' 선생님은 어쩌면 진정한 현자였을지도 모르겠다는 생각이 듭니다. 어른이 된 지금도 선생님의 말씀을 기억하며 크고 작은 슬픔을 이겨내고 있습니다.

🕐
1 min

슬플 땐 그 기분을 닮은 음악을 들어 보세요.

내 상태를 충분히 받아들인 후 즐거운 음악을 들으면

오히려 기분이 좋아지기도 하니까요.

때로는 ——
마음껏 웃어 보세요

어느 날, 지하철 안에서 떠들썩한 웃음소리가 들려오기에 그쪽을 바라봤더니 몇 명의 여중생 무리가 타고 있었습니다. 낙엽만 굴러가도 웃음이 터지는 나이의 학생들의 모습에 저절로 눈길이 멈춰 섰습니다. 오후의 비교적 한산하고 조용한 열차 내에서 꺄르르 깔깔 여중생들의 웃음소리가 넘치는 공간만은 즐거움의 공기가 물씬 느껴졌습니다.

장소만 고려한다면, 큰 소리로 이야기하거나 마음 깊은 곳에서부터 온몸으로 웃음을 표현하는 것은 매우 바람직합니다. 자신뿐 아니라 주위까지도 기분 좋고 활기차게 만들어 주니까요.

나도 저런 때가 있었지, 하는 생각에 부럽기도 하고 그 시절이 그립기도 해서 좀 조용히 하라는 말을 좀처럼 꺼낼 수가 없었습니다.

보통 어른들은 장소를 생각해 소근소근 대화를 하고 웃음도 꾹 참고 넘겨야 할 때가 많습니다. 기운 없어 보이는 어른들 사이에서 그 여학생들만이 반짝반짝 빛나 보였던 것은 에너지 넘치는 웃음소리 때문이었는지도 모르겠습니다.

집에서는 사소한 일에도 배 속에서부터 큰 소리를 내어 웃곤 합니다. 캬하하하, 와하하, 아하하하하! 웃고 나면 마음이 개운해져서 스트레스도 풀리고 '자, 기운 내자!' 하고 온몸에 활력이 솟아납니다.

오늘 아침에도 아침식사 준비를 하다 말고 갑자기 "아하하하!" 하고 웃음을 터뜨렸더니, 식탁에서 신문을 읽던 남편이 "집에 있으면 꼭 동물원에라도 와 있는 것 같아"라고 조용히 중얼거렸습니다.

웃음소리가 너무 크거나 길어도 주위에 폐를 끼치는 모양입니다. 웃을 때는 적당한 크기로, 그리고 짧게.

○
1 min

집에 있을 때만큼은 의식적으로라도 힘차게 웃어 보세요.

크게 웃는 것만으로도 몸과 마음이 개운해지는 것을

느낄 수 있을 거예요.

아침에 일어나면 창문을 열어 방을 환기시키고, 베란다에 나가 크게 심호흡을 합니다. 나의 하루는 이렇게 시작됩니다. 하늘을 바라보며 크게 숨을 들이마시면 온몸에 에너지가 퍼져 나가며 하루를 적극적으로 보낼 수 있는 힘을 얻을 수 있습니다.

불안해서 가슴이 두근거릴 때, 짜증이 날 때, 화가 나서 폭발할 것 같을 때(그리 자주는 아니지만), 정신없이 바쁘게 일할 때……. 그럴 때면 "잠깐!" 하고 스스로를 멈추고 호흡을 가다듬습니다. 흐르지 않는 연못처럼 마음이 정체되어 있으니까 분

노나 짜증이 생기는지도 모릅니다.

마음이 침체되어 탁해진 채 고여 있으면 호흡이 거칠어지고 맥박도 빨라집니다. 아침의 심호흡을 마음이 탁해지기 전에 하는 정기적인 청소라 한다면, 때로는 긴급한 대청소도 필요합니다. 우선 '하아아' 하고 몸속의 공기를 내보내듯이 크게 숨을 내쉽니다. 요가를 할 때 배에서 숨을 내뱉는 것처럼요. 그리고 다시 크게 공기를 들이마십니다. 이 동작을 반복하다 보면 어느새 호흡이 정돈되고, 불쾌한 생각이 멀리 사라지고, 마음속이 맑아진 기분이 듭니다.

🕐
1 min

화가 나서 견딜 수 없을 때

눈을 감고 크게 심호흡을 해보세요.

마음이 편안해질 때까지 숨을 내쉬다 보면

편안한 마음으로 다시 돌아온 자신을 만날 수 있을 거예요.

자신에게도 응원의 한마디를 해주세요

"YES!"

확신 없이 시작한 일이 최고의 성과를 냈을 때, 새로 낸 책이 독자들에게 좋은 반응을 얻었을 때……. 살다 보면 매일 크고 작은 감동적인 사건을 만납니다. 그럴 때 나는 주먹을 불끈 쥐며 힘주어 "YES!"라고 말합니다.

테니스 선수가 최고의 샷을 쳐냈을 때 주먹을 불끈 쥐며 무언가를 중얼거리는 바로 그 모습입니다. 이 행동을 통해 선수가 자신의 능력을 최고로 발휘했다는 사실을 몸으로 재인식하고 있을 거라고, 내 나름대로 해석하고 있습니다. 그것을 흉내 내어 나도 **좋은 결과**를 이끌어 내서 **최고의 기분**이 되었을 때, **주먹을 쥐고 "YES!"**라는 한마디를 던집니다.

"YES!"

이렇게 말하면서 주먹을 쥐면 그때의 기분이 주먹으로부터 온몸으로 퍼져 나가며 구석구석까지 스며듭니다. 그리고 다음에 만날 행운과 자신감으로까지 이어지는 듯한 기분이 듭니다.

요새는 일이 잘 풀리지 않을 때도 주먹을 꼭 쥐고 "YES!"라고 말합니다. 부정적인 기분을 털어내고 자신에게 용기를 주기 위해서입니다.

그러면 지금까지 몸에 스며들어 있던 최고의 순간의 "YES!"가 떠올라 "아직 괜찮아, 할 수 있어!"라고 긍정적인 마음을 되찾을 수 있습니다.

좋은 일이 있거나 기운을 내고 싶을 때.

스스로에게 힘을 줄 수 있는 응원의 한마디를 해주세요.

좋은 일은 더 기분 좋게. 나쁜 일은 해결할 수 있는

용기를 되찾아 줄 거예요.

어른에게도
———
휴식 같은 놀이가 필요해요

어느 날 회사의 직원으로부터 여행지에서 사온 기념품이라며 기모노 원단으로 만든 아기자기한 콩주머니를 선물 받았습니다. 아직도 이런 전통적인 장난감을 손수 만드는 사람이 있다니! 손으로 직접 만든 물건을 보면 저절로 따뜻한 기분이 듭니다.

선물을 열자마자 세 개의 콩주머니를 양손으로 번갈아 위로 던져서 땅에 떨어뜨리지 않고 받아내는 놀이를 해보았습니다. 처음 한 개는 높이 던지고, 나중의 두 개는 균형을 잡아가며 반복합니다.

어렸을 때는 콩주머니 던지기를 굉장히 잘해서 마치 곡예사처럼 동시에 네 개도 너끈히 주고받을 수 있었는데, 지금은 세 개가 한계네요.

하지만 주위에서 "정말 잘하시네요!" 하고 감탄이 터져 나올 정도로 왕년의 솜씨는 건재했습니다. 오랜만인데도 불구하고 어린 시절 자전거를 능숙하게 잘 타게 되었을 때 같은 기분이었습니다. 어린 시절로 돌아가기라도 한 듯 그저 신나고 즐거웠습니다.

"하나, 둘, 셋⋯⋯."

소리 내어 세면서 세 개의 콩주머니를 번갈아 스무 번 정도 던지며 놀고 나면 온몸에 힘이 넘치고 마음도 동심으로 돌아간 듯 두근거립니다.

집에 돌아오자마자, 집필 중 잠시 짬이 났을 때, 문득 생각날 때마다, 언제든지 콩주머니만 있으면 다시 어린 시절로 돌아갈 수 있습니다. 언제 어디서든지 간단히 몸도 마음도 생기를 되찾을 수 있는 이 놀이는 마음에 쏙 드는 나의 건강의 원천이 되었답니다.

1min

거창한 것이 아니더라도

사소한 취미나 놀이를 만들어 보세요.

일상의 생기를 더하는 데 큰 도움이 되어 줄 거예요.

기분 전환을 위해 콩주머니를 손닿는 곳에 두고 있어요.
고민이 있거나 머릿속이 복잡할 때
콩주머니를 만지며 생각을 정돈하곤 합니다.

편안한 밤을 위한 ─

작은 습관을 만들어 보세요

자리에 누우면 금방 깊이 잠들어서 아침까지 푹 자는 편이지만, 가끔 자기 직전까지 컴퓨터 키보드를 두드렸다거나 심각한 책에 푹 빠져 열중했을 때는 잠이 잘 오지 않을 때가 있습니다. 자기 직전에는 몸과 마음에 더 이상 새로운 정보를 입력하지 않는 편이 좋다는 것을 알고 있으면서도 말이지요.

잠이 잘 안 온다 싶을 때는 이불 밖으로 나와 가벼운 요가 자세를 취하고 발목과 장딴지를 마사지합니다. 어디까지나 조용히 몸과 마음에 자극을 주어야지, 몸을 격렬하게 움직이는 춤이나 스트레칭은 거꾸로 잠을 쫓아버립니다.

이불 속에 들어가서도 평소처럼 바로 잠이 오지 않는다면 내가 좋아하는 것이나 하고 싶은 일을 떠올립니다. 일에 관계된 것은 오히려 머릿속이 복잡해지니까, 그 외의 일만을요. 이것저것 즐거운 상상을 하다 보면 어느새 수마가 덮쳐옵니다.

이불 속에 들어가서도 평소처럼 눕자마자 잠이 들지 못할 때는 자신의 바람을 적은 종이나 좋아하는 사람의 웃는 모습이 찍힌 사진을 베개 밑에 넣거나 품에 안고 자면 단잠을 잘 수 있다고 합니다. 흐뭇한 마음으로 '이제 푹 잘 수 있겠지' 하고 자기 암시를 걸기 때문인지도 모르겠습니다.

🕐
1 min

잠이 오지 않는다면 잠들기 위해서

억지로 누워 있는 것보다는

몸과 마음이 편해지는 것들을 하며

밤 시간의 여유를 즐기는 것이 나아요.

가끔은 다 내려놓고 ─ 쉬는 시간을 가져 보세요

　몸과 마음이 피로해졌을 때를 위한 내 나름의 방법이 있습니다. 지쳤다 싶을 때는 일을 놓고 무조건 쉬는 것입니다. 좋아하는 모차르트나 유러피안 재즈, 비지스(Bee Gees)의 CD를 듣거나, 북유럽의 추리소설을 읽습니다.

　그리고 또 하나, 시간을 잊은 채 느긋하게 시간을 보낼 수 있는 환경을 만드는 데 빼놓을 수 없는 것이 있습니다. 방에 시트러스 계열의 룸 스프레이를 살짝 뿌리면 마음이 평온해집니다. 그 외에도 레몬밤과 라벤더 같은 허브를 좋아합니다. 초조하거

나 우울해졌을 때 마음을 편하게 해주고 긴장을 풀어주는 효과
가 있습니다.

하루를 마무리할 때는 캐모마일 차를 마십니다. 피부 미용에
도 좋고 몸이 따뜻하게 해주어 숙면을 취할 수 있습니다.

1 min

느긋하게 휴식하는 시간을 주기적으로 가져 보세요.

지친 몸에 필요한 것은

무엇보다 편안한 마음으로 보내는

나만의 시간이니까요.

오늘의 고생은 ──
오늘로 충분해요

작게나마 29년간 회사를 책임지고 있다 보니 여러 가지 일을 겪게 됩니다. 그러다 보니 "마음고생이 끝이 없으시죠?"라는 말을 자주 듣는데, 심각하게 생각하면 매일이 '사건'으로 넘쳐나는 것은 분명 사실입니다.

하지만 걱정만 하고 있기보다는 일단 덤벼드는 것이 낫다는 심정으로 일에도 삶에도 온몸으로 부딪히는 성향이기 때문에 그 어떤 사건과 난관도 결국에는 극복하게 되는 것 같습니다. 일은 대부분 대인 관계로 이루어집니다. 회사에서는 직원들을, 밖에서는 이웃 주민과 일에 관계된 많은 사람을 만나게 됩니다. 다른 사람들은 나와는 다른 가치관을 가지고 있어서, 기대나 예상에서 벗어나는 행동을 하기도 합니다. 그럴 때 예상외의 행동이나 실수에 대해 '왜 그랬을까?'라고는 생각하지만 "어떻게 그럴 수가 있어!"라고 화를 내지는 않습니다.

그렇지만 하루에도 여러 번 '왜?'라는 의문에 맞닥뜨릴 때가 있습니다. 여러 번 그런 고민을 반복하다 보면 몸도 마음도 피곤해집니다. 그런 날은 하루를 마무리하면서 와인 한잔과 함께 스스로를 다독입니다. '오늘의 고생은 오늘로 족하다!', '걱정도 피로도 오늘로 끝이야'라고 주문처럼 자신에게 다시 한 번 다짐합니다.

🕐
1 min

내일 다시 고민하게 되더라도

'오늘의 걱정은 오늘로 끝!'이라는 마음으로 지내 보세요.

혼자만의 산책 시간을 가져보세요

시간이 있을 때면 산책 가는 걸음을 좀 더 넓혀서 가까운 메이지진구(明治神宮) 안을 천천히 걷습니다. 많은 나무로 둘러싸인 경내에는 때때로 산새들의 울음소리가 들릴 뿐, 한낮에도 어둑어둑하고 고요합니다. 올려다봐도 끝이 보이지 않을 정도로 커다란 나무 아래까지 오면 잠시 눈을 감고 바람의 소리를 들어보기도 합니다.

도회의 소란스러움을 벗어나 100년 이상 된 수목의 연륜과 힘에 둘러싸여 있노라면 일상의 잡념이 사라지고 마음이 깨끗해지는 기분이 듭니다. 자연 속의 나무들이 내뿜는 투명한 향기를 온몸으로 느끼면서 '침묵'의 소중함을 다시금 상기하곤 합니다.

🕐
1 min

가끔은 혼자 있는 시간도 필요해요.

그곳이 조용한 곳이라면 더할 나위 없겠지요.

따뜻한 말 한마디의 힘을 기억하세요

"차라도 한잔 하실래요?"

영국에서도, 독일에서도, 만난 지 얼마 안 된 새로운 이웃들이 허물없이 먼저 말을 걸어 주었습니다. 몸도 마음도 꽁꽁 얼어붙을 듯한 추운 날, 초대받아 들어간 따뜻한 집 안에서 내어 주는 뜨거운 차 한잔은 몸도 마음도 따끈따끈하게 어루만져 주었습니다.

말이 통하지 않아도 남을 배려하는 상냥한 마음은 충분히 전달됩니다. 많은 이야기를 나눌 필요 없이, 차 한잔만으로도 마음이 통할 때가 있습니다. 마음을 담아 끓인 것이라면 더 말할 필요도 없겠지요.

우리 집에는 가족 중 누군가 외출할 때면 배웅하는 사람이 반드시 현관까지 나와 인사를 한다는 규칙이 있습니다. 나의 인사는 가능한 상냥하게 웃으며 "일 마치면 바로 들어오고, 조심해서 잘 다녀오렴" 하는 바람과 부탁을 담은 한마디입니다.

🕐
1 min

타인을 향한 배려의 말과 행동은

상대방에 대한 신뢰의 표현이라는 것을 잊지 마세요.

하루에 한 번, 작은 친절을 ─ 베풀어 보세요

　가까운 사람들에게 상냥하게 대하는 것은 좀처럼 쉽지 않습니다. 하물며 모르는 사람에게라면 더더욱 어렵겠지요.

　나이를 먹은 뒤 '그러길 참 잘했다'라고 생각할 수 있는 충실한 인생은 '예의 바르게 사는 것'과 '친절한 마음을 계속 베푸는 것'이라고 말한 사람이 있었습니다. 잡지나 신문에 오르내리며 세간을 놀라게 하는 것보다도 딱히 대단할 것 없는 당연한 매일을 살아가면서 남에게 도움이 될 법한 일, 남들을 기쁘게 하는 일, 주위를 환하게 만드는 일을 할 수 있다면, 무엇보다도 나

자신이 행복해질 수 있을 것입니다.

길에서 스쳐 지나가는 사람과 눈이 마주치면 방긋 웃으며 "안녕하세요"라고 인사를 합니다. 전철 안에서 다른 사람에게 자리를 양보합니다. 엘리베이터를 타고 내릴 때 "먼저 타세요" 하며 문을 잡아 줍니다. 무거운 짐을 든 노인을 보면 "도와드릴 까요?" 하며 나누어 듭니다.

친절을 강요해서는 안 되지만, 배려하는 마음을 자연스럽게 표현하는 것은 중요합니다. 밖에 나가면 이런 '작은 친절'을 베 풀 기회가 얼마든지 있습니다.

🕐
1min

하루에 한 번, 용기를 내어 작은 친절을 건네 보세요.

"제가 좀 도와드릴까요?" 하고요.

진심을 전하고 싶을 땐 ── 감사카드를 써보세요

내가 중요하게 여기는 작은 습관 중 하나는 감사카드를 쓰는 것입니다. 가까운 지인에게는 메일이나 전화로 끝낼 때도 있지만, 나이 많은 어르신이나 처음 만난 분께는 반드시 카드를 쓰고 있습니다. 되도록 그날 중으로, 가능한 빨리 써서 보내려고 노력합니다.

전국 각지에 사는 독자로부터 내 책을 읽고 감동을 받아 기운이 났다며 다음 책을 기대하겠다는 인사와 함께 지방 특산품을 선물 받을 때가 있습니다. 그러면 나의 변변찮은 이야기가 조금이라도 도움이 되었다는 사실이 기쁘지 그지없습니다. 그럴 때 마음에서 솟아나는 감사의 마음을 전달하고 싶어 카드를 써서 보내곤 합니다. 책상에 카드 전용 서랍이 있어서, 바로 꺼내 쓸 수 있도록 다양한 메시지 카드를 상비해 두고 있습니다. 이번엔 뭐라고 쓸까. 고민하는 것도 즐거움 중 하나입니다.

그런 순간을 위해 해외여행을 가면 반드시 그 지역의 문구점에 들릅니다. 아름답고 특이한 메시지 카드를 보면 참지 못하고 그만 사버리고야 맙니다.

🕐
1 min

전하고 싶은 마음을 제대로 전달하고 싶을 땐

손 글씨로 쓴 카드나 편지를 보내세요.

카드를 받는 이에게도 그 마음이 그대로 전해질 거예요.

독일에서부터 사용해온 카드 박스에는
여러 가지 종류의 카드가 가득합니다.
카드의 주인공에게 어울리는 것을 신중하게 골라
메시지를 쓰는 순간은 늘 행복해요.

내가 원하는 삶의 모습을 — 잊지 마세요

"내 뒤에는 길이 생기지만, 내 앞에는 길이 없다."

회사를 세운 지 얼마 되지 않았을 때 일기에 써 내려갔던 당시의 마음입니다. 기업을 경영하다 보면 실패와 실망에 대한 불안이 끊임없이 따라붙습니다.

하지만 그 어느 순간에도, 나는 작은 희망과 꿈을 놓지 않았습니다. 어쩌면 사업과는 관계없는 나만의 꿈이 있었기 때문에 어떻게든 매일을 버틸 수 있었는지도 모릅니다.

그 꿈이란, 많은 나무로 둘러싸인 깊은 산속에 산장을 갖는 것. 우리 집에는 통나무로 지어진 작은 산장 사진이 장식되어 있습니다. 독일에서 우연히 발견한 것으로, 내가 꿈꾸는 이상적인 집의 모습이지요. 이 사진을 바라보고 있노라면 그날 겪은 괴로움과 슬픔이 모두 잊히고 마음이 진정되면서 밝은 미래가 보이는 것 같은 기분이 듭니다.

10년간 매일 밤 자기 전 딱 1분 동안, 통나무집 사진을 바라보며 여기에 살고 있는 나의 삶을 상상해보곤 했습니다. 그 1분은 그 시절의 나에게 매우 소중한 시간이었습니다. 다시 내일 하루를 살아갈 활력이 되어 주었던 것입니다. 그리고 사업이 그럭저럭 궤도에 오르면서 그토록 바라던 꿈이 희미해지기 시작했을 무렵, 숲속의 통나무집을 갖고 싶다는 꿈이 실현되었습니다.

작은 꿈을 가능한 구체적인 형태로 상상하면서 긍정적인 인생을 살아가다 보면 기회는 반드시 찾아옵니다. 설령 이루어질 수 없는 꿈이라 하더라도, 계속해서 염원하는 그 과정 자체가 살아갈 용기를 주기도 합니다.

언젠가 꼭 이루고 싶은 장면을 담은

사진을 눈에 잘 보이는 곳에 두고

자주 바라봐 주세요.

통나무로 만든 숲속의 여름 별장에 대한 꿈은
나의 삶에 긍정 에너지가 되어 주었지요.

멋진 생활의 감각은 일상 속에 있어요

하루하루를 살면서 무엇을 눈여겨 보고, 어디에 관심을 갖는
가에 따라 그 사람의 감각이 단련됩니다. 몇 살이 되었든 늦은
때는 없습니다. 시간과 장소를 불문하고 언제 어디서든 나만의
감각을 찾을 수 있습니다. 중요한 것은 직감적으로 내 마음에
드는 것, 감동하는 것을 놓치지 않고 생활 속에 적용해 보는 자
세입니다.

나는 생활 속 감각에 관심이 있기 때문에 텔레비전, 영화, 잡
지 같은 매체가 훌륭한 선생님이 됩니다. 영화나 드라마 속 등

장인물의 패션, 메이크업 방법, 행동거지, 말투……. 배울 것은 끝이 없습니다.

냉장고를 열었을 때 안에 무엇이 들어 있는지 관찰하는 것부터 시작해, 테이블 세팅과 꽃을 장식한 방법 등 셀 수 없을 정도로 많은 것을 배울 수 있습니다.

좋아하는 여배우가 셔츠 소매를 걷어 올린 모양이 마음에 들어 한동안 따라한 적도 있고, 길이가 짧은 캐시미어 스웨터 아래로 티셔츠가 보이도록 겹쳐 입는 것도 영화에서 보고 빌려온 아이디어입니다. 여배우 맥 라이언이 잘 때 두툼한 뜨개 양말을 신는 것을 보고 따라한 것은 겨울을 따뜻하게 지낼 수 있는 소중한 삶의 지혜가 되었습니다.

인테리어 아이디어도 얻습니다. 영국이나 독일, 북유럽의 드라마를 볼 때면 '부엌이 어쩌면 저렇게 깔끔하지?', '저 도자기 그릇이 정말 멋지다', '의자를 저기에 두니까 참 좋네' 하면서 드라마 내용보다 배경에 더 관심을 보일 때도 있습니다. 오래전에는 드라마 〈형사 콜롬보〉에서 콜롬보 형사가 홍차를 마실 때 사용하던 꿀 스푼이 너무 마음에 들어서 힘들게 수소문해 손에 넣었던 적도 있습니다. 그 스푼은 지금도 유용하게 사용하고 있습니다.

🕐
1 min

살아가면서 어디서든 멋있다고
생각되는 것을 찾아낼 때마다
배우고 따라해 보세요.

익숙한 행동 패턴에 변화를 주세요

좋은 습관을 만드는 것은 살아가는 데 있어 매우 중요합니다. 집안일 같은 것은 습관이 되면 몸이 기억하기 때문에 '이것도 해야 하고 저것도 해야 하는데' 하는 초조함이나 스트레스 없이 모든 일이 착착 마무리됩니다.

단지 모든 일이 지나치게 반복적으로 이루어지면 즐거웠던 일에도 너무 익숙해지면서 뇌가 반응하지 않아 마음에 설렘이 없어집니다. 인간의 뇌세포는 언제나 새로운 자극을 갈구하기 마련이니까요.

생활 속 사소한 변화를 주는 것만으로도 매일의 일상에 생기를 더할 수 있습니다.

단골 미용실은 두 곳을 정해 두고 기분에 따라 3달에 한 번씩 바꾸고 있습니다. 둘 다 10년 이상 된 단골인데, 한 곳은 차분하고 단정한 스타일을, 또 한 곳은 생기발랄하고 모던한 스타일을 시도해볼 수 있습니다.

이탈리안 레스토랑도 단골로 가는 가게가 네 곳 정도 있어서 그날의 날씨, 시간, 분위기와 예산을 고려해 돌아가면서 다양한 음식을 즐기고 있습니다. 그 외에도 가까운 역까지 가는 길도 매일의 기분에 따라 여러 가지로 경로를 바꿔보기도 합니다.

이외에도 **완전히 바꿔도 불편하지 않은 것이라면 정기적으로 나의 행동 패턴을 점검해 뚜렷한 변화를 줍니다.** 삶의 습관을 점검하고 변화를 주면 거기에 새로운 만남과 감동이 기다리고 있음을 느끼게 됩니다.

익숙해서 편안한 장소도 좋지만

가끔은 의도적으로 낯선 장소에서

또 다른 나의 모습을 만나는 것도

일상 속 또 다른 즐거움이 되어 줄 거예요.

단순한 일 그 자체를 즐겨 보세요

가끔 내가 숨을 쉬고 있는 것을 의식하게 될 때가 있습니다. 생각해 보면 한시도 쉬지 않고 열심히 숨을 들이마시고, 또 뱉고 있습니다. 의식하지 못하는 사이에 열심히 숨을 쉬고 있는 있다는 사실을 발견하고 놀라움을 느낍니다. 이렇게 살아 있을 수 있어 고맙고 감사하다는 마음이 가득 차오릅니다.

때로는 더러워진 부엌의 주전자를 열심히 집중해서 닦습니다. 30초면 끝나는 짧은 단순 작업이지만, 온 마음으로 집중해서 닦으면 이렇게나 반짝반짝 깨끗해진다는 것을 깨닫고 놀라게 됩니다. 항상 사용하는 화장실도 깔끔해질 거라는 마음을 담아 집중해 닦습니다. 완벽하게 깨끗해지지 않아도 괜찮습니다. 아무것도 생각하지 않고 나를 위해 열심히 닦는다는 자체가 아름다운 거니까요.

1min

바쁘게 시간에 쫓기고 있을 때일수록, 단순한 일에 집중하면 오히려 지금까지 보이지 않았던 것이 갑자기 보이기도 해요.

동전 하나의 소중함을 잊지 마세요

"돈이 많은 회원일수록 작은 포인트를 열심히 쌓습니다."

신용카드 회사 임원인 A 씨의 말입니다. 수입이 많은 사람일수록 돈을 많이 사용하는 만큼 카드 포인트에도 관심을 가진다는 뜻입니다. 백화점에서 쇼핑을 하거나 호텔에 묵었을 때 사용한 카드 포인트를 효율적으로 활용해서 그만큼 여행과 식사를 즐긴다고 합니다.

돈이 있으면 미래를 기약할 필요 없이 지금 당장 얼마든지 쓸 만큼 쓰면서 인생을 충실하게 살아갈 수 있을 테지요. 그러니까 몸도 마음도 만족스러워서 일할 때도 의욕을 불태우고, 그 결과 다시 돈이 모이는지도 모르겠습니다.

항상 돈이 없다고 한탄하는 사람일수록 "이런 포인트 몇 푼 모아서 뭐에 쓰겠어. 귀찮기민 하지"라며 그다지 신경을 쓰시 않는다고 합니다. 잔돈을 소중하게 여기는 것은 돈을 함부로 쓰지 않고 심사숙고해서 유용하게 사용한다는 뜻이기도 합니다. 그런 사람에게는 돈이 신나서 다시 돌아오기 때문에 저절로 돈이 모인다고 합니다.

그렇게 생각하면 이해가 되기도 합니다. 1엔을 허투루 쓰는 사람은 언젠가 1엔이 부족해 울 일이 있겠지요. 저렴하고 편리한 100엔 버스도 99엔 갖고는 탈 수 없으니까요. 나쁜 짓을 저지르거나 복권에라도 당첨되지 않는 한, 큰돈이 단번에 손에 들어오는 일은 없습니다. 동화 속의 거북이나 개미처럼, 꾸준히 조금씩 모으는 것이 중요합니다.

그렇다고 아득바득 허리를 졸라매면서 악착같이 돈을 모으려 들면 마음이 황량해지지 않을까요? 나는 돈이란 사용하기 위해서 있다고 생각합니다. 매일의 즐거움과 기쁨을 꾹 참고 삶의 희생하면서까지 돈을 모으고 재산을 불려봤자 의미가 없습니다. 돈은 인생을 즐기면서 여유를 갖고 모아야 합니다.

내가 500엔 동전 모으기를 시작한 지 어느덧 10년이 넘어갑니다. 지갑에서 500엔 동전을 발견하면 은행에서 받은 양철 저금통에 '쨍그랑' 하고 집어넣습니다. 두 개가 있더라도 하루에 하나만요. 1년에 한 번 뚜껑을 열어 보면 동전이 가득 쌓여 있습니다. 이 돈은 재해 원조나 해외 아동을 위한 의료, 식품, 교육 원조기금, 맹인안내견 지원 등을 위해 기부하고, 때로는 나를 위해 쓰기도 합니다.

🕐
1 min

부담스럽지 않은 금액을 정해 매일매일 조금씩 모아 보세요.

그리고 1년 뒤, 그 돈을 온전히 나를 위해 써 보는 건 어떨까요?

언제 들어도 좋은 말은 — 자주 해주세요

나는 "고마워요"라는 말을 자주 합니다. 진심을 담아, 감사하는 마음으로, 회사 직원에게, 친구에게, 지인에게, 백화점이나 마트 점원에게, 편의점의 아르바이트생과 택배 배달원에게, 언제나 신세를 지고 있는 사람들에게…… 그리고 가족에게.

독일이나 영국에서는 마트나 백화점 점원들과 항상 "땡큐!", "당케 쉔!" 하고 인사를 주고받았습니다. 판매하는 사람도 사는 사람도 서로 '고마워요'라고 말하는 셈입니다. 돈을 내도, 돈을 받아도, 거스름돈을 받아도 "고마워요"라는 말을 건넵니다. 이

말, 이 마음이 참 좋습니다. 마음이 한없이 따뜻해집니다. 나는 택시 기사나 택배 배달원 등 운전을 하는 분들에게는 "고맙습니다"에 이어 "운전 조심하세요"라는 말을 덧붙입니다. 안전한 운행을 바라는 마음을 담은 인사입니다.

"고마워요!"

누가 들어도, 말해도, 마음에 와닿는 무척이나 기분 좋은 말입니다. "고마워요!"라는 말을 듣고 기분 나빠하거나 화를 내는 사람은 한 번도 만난 적이 없습니다. 오늘도 "고마워요"라는 말을 가득 챙겨 집을 나섭니다.

🕐
1 min

'고마워요'라는 말의 따뜻함은

스스로를 좋은 사람으로 만들어 주는

마법 같은 한마디랍니다.

시계는 1분 빠르게 맞춰 두세요

내 손목시계는 항상 1분 빠릅니다. 이렇게 해두면 회의나 약속 시간보다 항상 1분 빨리 도착할 수 있습니다. 교통정체나 예상치 못한 사고가 일어나지 않는 한, 지각할 일이 절대 없습니다.

그래도 보통은 교통편이나 약속 시간보다 10분 이상 빨리 도착하려고 합니다. 빨리 도착하면 그만큼 흐트러진 머리를 정돈하고 옷차림을 살필 여유가 생기고, 뭐라고 이야기를 시작할까 하며 회의 내용을 체크할 수도 있습니다.

굳이 시계를 1분 빨리 맞춘 이유는 무언가를 시작하기 전 1분이 마음에 여유를 가져다주기 때문입니다. 만약 당신이 지각 상습범이거나 아슬아슬하게 시간에 맞춰 달려 들어와 약속 상대를 조바심 나게 하는 사람이라면, 집 안의 시계를 10분 정도 빨리 맞추는 편이 좋을 것입니다.

1 min

언제 어디서든지 단 1분이라도

여유 있는 일상을 보내다 보면,

나의 삶도 나에게 맞는 적절한 속도로

맞춰갈 수 있을 거예요.

자투리 시간에는 주변을 살펴보세요

보통은 차로 이동할 때가 많지만, 시간이 있으면 가능한 건 거나 대중교통을 이용합니다. 거리를 오가는 사람들의 옷차림을 보는 것만으로도 '벌써 봄이 왔구나' 하고 새삼 계절감을 느끼기도 하고, 요즘 유행하는 패션을 확인할 수도 있습니다. 길거리나 전철 안에 붙어 있는 광고 속에는 새로운 정보가 넘쳐납니다.

전철을 타면 대부분의 사람은 입구 쪽의 좌석 끝부터 자리에 앉습니다. 사람이 별로 없어 보여도 가장자리 좌석에만은 누군가가 앉아 있는 경우가 대부분입니다. 심리학적으로 사람은 방어본능이 있어서 한쪽이 막혀 있는 자리를 선호한다고 합니다. 확실히 양쪽에 사람이 앉은 자리 중간에 끼어 앉는 것보다는 가장자리 좌석이 상대적으로 조금 더 여유로울 것 같긴 합니다.

나는 전철을 타면 일부러 차량 한가운데 서서, 천장 쪽을 두리번거리거나 손잡이나 창문 위쪽의 광고를 바라봅니다. 만원 전철에서도 한가운데 쪽은 여유가 있고 시야도 좌우로 넓어 광고나 다른 사람들의 모습을 편히 바라볼 수 있습니다. 짧은 시간 동안 주위를 바라보기만 해도 그동안 알지 못했던 많은 정보를 얻을 수 있습니다.

🕐
1 min

무심하게 지나치는 풍경들 속에

내게 필요한 수많은 정보가 숨어 있는지도 몰라요.

나만 아는 응원의 주문을 만들어 보세요

인생을 살다 보면 이따금 심각한 상황을 만나게 됩니다. 신중하게 생각해서 문제를 해결하기 위해 전력투구해야 할 때도 있습니다. 하지만 '뭐야, 겨우 이런 걸로' 하고 생각할 때도 많습니다.

가끔 마음이 무겁고 힘들 때면 '어깨 패드 한 장!'이라고 마음의 목소리로 나 자신을 힘주어 격려합니다. '어깨 패드가 뻣뻣하게 여러 장 들어가 있으니까 한 장 정도는 빼는 게 어때?'라는 의미입니다.

고민스러운 나머지 마음이 가라앉고 무거워지는 일 중 대다수는 나중에 알고 보면 별거 아닌 일이고, 아무렇지도 않게 여겼던 일이 사실은 더 중요했다는 것을 깨닫기도 합니다.

모든 일에 필요 이상으로 심각하게 고민하고, 그래서 시간을 빼앗긴다면 아깝기 짝이 없는 일입니다. 어떻게 하면 어깨의 힘을 빼고 인생을 가볍게 살아갈 수 있을까요? 그렇게 매일을 살아갈 수 있다면 과거를 돌아보면서 '아, 즐거운 인생이었다'라고 만족할 수 있을 것 같습니다.

나는 스스로를 일깨우기 위해 "어깨 패드 한 장"이라고 쓴 메모를 수첩에 끼워 두고 있습니다. "어깨의 힘을 빼라"고 써서는 오히려 어떻게 하면 힘을 뺄 수 있을지 모르겠다는 기분이 들지만, "어깨 패드 한 장"이라면 편하게 해치울 수 있을 것 같지 않나요? 혹시 누군가가 보더라도 무슨 뜻인지 모를 테고 말이지요.

메모를 바라보고 있자니 "더 편하게, 네 마음대로 해"라고 말하는 것 같아서 쿡쿡 웃음이 나오기도 합니다. 심각해지려는 내 모습을 보고도 웃어넘길 수 있다면, 무엇이든 극복할 수 있을 거라는 기분이 듭니다.

⏱
1 min

힘든 순간이 찾아올 때마다

나만의 응원 주문을 혼잣말로 되뇌거나

수첩 속에 적어놓고 읽으며 스스로에게 힘을 주세요.

당연한 하루는 없음을 잊지 마세요

아침이면 태양이 동쪽 하늘에서 떠올라 저녁이면 서쪽으로 집니다. 그리고 내일도 같은 일이 반복되리라는 것을 아무도 의심하지 않습니다. 일출과 일몰 시간은 뉴스에 나오지만, 해가 뜨고 지는 풍경은 그림은 될지언정 너무 당연한 것이라 뉴스거리는 되지 못합니다. 태양이 없어지기라도 한다면 뉴스에서 난리가 나겠지만, 그때쯤에는 지구상에 인류가 남아 있지 않겠지요.

매일 일어나는 당연한 일을 의식할 일이 있을까요? 오늘 하루 동안 있었던 좋은 일들, 별일 없어서 다행이었던 일들을 떠올려 봅니다. 예를 들면 이렇게 사소한 것들입니다.

- 오늘 아침에도 기분 좋게 잠에서 깼다. (다행이다.)
- 아침밥이 맛있었다. (다행이다.)
- 쓰레기 버리는 것을 잊어버리지 않고 내놓았다. (다행이다.)
- 드라이클리닝 보낸 셔츠를 무사히 찾아왔다. (다행이다.)
- 컴퓨터가 고장 나지 않고 작동되어서 원고를 보낼 수 있었다. (다행이다.)
- 친구에게 보낸 택배가 잘 도착했다. (다행이다.)

이렇게 매일 있었던 당연한 일들을 쭉 써내려 가보면 대부분의 일이 순조롭게 풀려 '다행이다'라는 걸 알게 됩니다. 이 모든 일은 1분 이내에 생각나는 것들입니다.

타고 있던 전철이 신호기 고장으로 10분쯤 늦어도, 짜증을 내거나 눈에 쌍심지를 켤 정도의 일은 아니라고 생각합니다.

하지만 같은 실수나 문제가 여러 번 반복될 때는 "대체 왜?"

라고 반드시 냉정하게 어째서 실수를 했는지를 되짚어볼 필요가 있습니다.

무사히 아무 일 없이 끝난 매일에 감사하는 마음이 있으면 어지간한 일은 용서할 수 있게 되고, 그 안도감이 다시 내일로 이어질 것에 대한 기대감으로 가득해집니다. 오늘의 다행이었던 일들은 내일의 다행한 일로 이어지기 마련이니까요.

🕐
1 min
일상이 버겁다고 느껴질 때는
오늘 내게 일어난 '다행한 일'을 하나씩 적어 보세요.

작은 배려가 담긴 행동을 몸에 익혀 보세요

행동이 아름다운 사람은 보기만 해도 기분이 좋아집니다. 매일의 사소한 행동 속에서도 얼마든지 몸에 익히고 싶은 습관을 찾아낼 수 있습니다.

현관에서는 내가 벗은 구두를 반드시 가지런히 정리합니다. 더불어 주위에 있는 신발도 얼른 신기 쉽게 정리합니다. 어려서부터의 습관으로, 구두를 벗는 것과 한 세트처럼 인식되어 있어서 손이 자연스럽게 움직입니다. 집에서든 피트니스센터에서든 백화점에서든 세면대를 사용하고 나면 반드시 내가 더

럽힌 장소를 티슈로 깨끗이 닦습니다.

피트니스센터에서는 드라이어로 머리를 말린 뒤 내가 쓴 수건으로 세면대 주위를 한 번 닦아 둡니다. 다음 사람이 기분 좋게 사용할 수 있게 하기 위해서, 그리고 청소하는 사람을 위해서도 내가 쓴 장소를 더러워진 채로 내버려 두지 않으려고 합니다.

어려서부터 음식은 남기지 않고 먹으라는 말을 들어오기는 했지만, 아무래도 양이 너무 많아 몸에 무리가 갈 것 같다면 가능한 깨끗하게 남기려 합니다. 음식을 만들어준 사람에 대한 감사를 잊지 않고, "맛있게 잘 먹었습니다"라고 말하며 그릇 구석에 작게 모아 둡니다.

최근에는 탄수화물 섭취량을 줄이고 있어서, 초밥집에 갔을 때는 "밥 양을 절반으로 해주세요"라고 미리 이야기합니다. 회식이나 모임에서 사용한 방석은 자리를 떠나기 전에 주름을 펴서 정돈합니다.

문 앞까지 배웅을 나와 준 사람에게는 반드시 마지막으로 한 번 더 돌아보며 인사를 합니다. 손님의 모습이 보이지 않을 때까지 들어가지 않고 바라보는 사람도 있으니까요. 설령 돌아보았을 때 이미 아무도 없더라도 가볍게 고개 숙여 인사를 합니다. '초대해 주셔서 감사합니다' 하는 마음으로요.

①
1min

일상의 곳곳에서 감사하는 마음으로

정성을 다해 행동해 보세요.

마음을 담은 행동은 나는 물론

타인들에게도 좋은 영향을 주니까요.

아직 오지 않은 미래보다 ─ 현재가 더 중요해요

나이를 먹을수록 "아무리 그래도 그렇지"라며 모든 일을 내 시각대로 받아들이게 됩니다. 그것이 좋은지 나쁜지는 또 다른 문제지만요. 나이 때문에 무슨 일이든 단순하고 솔직하게 받아들이는 것이 불가능해졌다고나 할까요. 그만큼 인간의 양면, 인생의 희로애락을 맛봤다는 증거일지도 모릅니다. 나이는 허투루 먹지 않는다는 말이 있듯이, 그만큼 인생의 가치와 연륜을 쌓은 것이 중년의 장점 아닐까요?

얼마 전 30대의 젊은 지인이 점을 보러 갔다가 "당신은 반드시 남자에게 속아 넘어갈 팔자요"라는 말을 듣고는 슬퍼서 엉엉 울었다는 이야기를 하는 것이었습니다.

'뭐? 그런 걸 어떻게 알지?'

나도 놀란 나머지 말문이 막혔습니다.

어쩌다 우연히 과거를 맞췄는지는 모르지만, 남의 불행한 미래를 마치 진실인 것처럼 말하다니……. 아무도 사람의 미래는 알 수 없는 법이고, 하물며 운명 따위 절반은 스스로 만들어 가는 것인 것을.

운명을 따지기보다는 지금의 생활에 감사하고 만족하면서 조금이라도 좋은 방향을 향해 노력하는 것이 더 중요합니다. 행복한 미래는 지금 내 삶의 연장이니까요. 점을 봤다면, 좋은 말만 믿고 나쁜 말은 그대로 잊어버립시다. 나의 운명이나 운세는 남에게 들어서 정해지는 것이 아니라 나의 매일의 습관으로부터 만들어 나가는 것입니다.

좋은 말만 믿으면 어느새 긍정적인 기운이 넘쳐납니다. 긍정적인 마음이 항상 부정적인 마음보다 크면 더 행복하게 살 수 있습니다. 그러니 점괘나 운세는 좋은 말만 믿어야 합니다. 혹여 남자에게 속을 거라는 예언을 듣는다 해도 한 귀로 듣고 흘려버리고 다른 관심거리를 찾아 즐거움을 찾으려고 노력할 필요가 있습니다.

참고로 그 지인은 나의 충고가 효과가 있었는지, 지금은 연애보다 킥복싱에 열중하고 있습니다.

🕐
1 min

좋은 말만 믿으며 살기에도 짧은 인생.

작은 즐거움들을 찾으며

'현재'에 충실한 일상을 보내세요

가방 속에
책 한 권이 있으면 든든해요

언제나 가방에 책을 가지고 다니려고 합니다. 하드커버나 잡지는 무겁고 부피가 크기 때문에, 핸드백에 쏙 들어가는 크기인 문고판을 넣어 둡니다.

책을 가지고 다니는 것은 내 나름의 시간 관리를 위해서입니다. 약속 장소에 상대방이 좀처럼 나타나지 않을 때, 목적지에 너무 빨리 도착해(언제나 그렇지만요) 시간을 보내야 할 때, 교통편을 기다릴 때…… 그럴 때 책이 있으면 귀중한 시간을 낭비하지 않을 수 있습니다. 물론 아무것도 하지 않고 멍하니 사람이나 풍경을 바라볼 때도 있지만요.

　항상 책을 가지고 다니면 우연히 펼친 페이지에서 무언가 생활에 도움이 되는 것을 배우거나, 삶의 방식을 바꾸게 만들 운명적인 문장과 만나게 될지도 모르니까요.

　⏱
　1 min
　외출할 때마다 가지고 나갈 책을 고르며
　오늘 하루를 어떻게 지내고 싶은지 생각해 보세요.

나만의 플레이리스트를 만들어 보세요 —

그 음악을 듣고 싶다! 살다 보면 불현듯 이런 생각이 들 때가 종종 있습니다. 일이 잘 풀렸을 때, 기분이 우울해질 때, 행복한 기분을 만끽하고 싶을 때 등이지요. 어떤 때는 기분이 가라앉고, 어떤 때는 마음이 두근거리고, 얼굴에 웃음꽃이 피고, 때로는 눈물을 흘리기도 합니다. 음악에는 이렇게 사람에게 힘을 주고 위로하는 신기한 힘이 있습니다.

나는 여행을 할 때 아이팟을 항상 가지고 다니고, 호텔에 묵을 때는 좋아하는 음악을 담은 작은 스피커를 지참합니다. 주로 모차르트의 피아노 소나타집이나 영화 사운드트랙, 비지스의 곡을 듣곤 합니다. 장소가 바뀌어도, 매일 1분이라도 시간을 내서 기분을 북돋워 주는 음악을 들으면 삶이 충만해진 기분이 듭니다.

⏱
1min

기분이 우울해 질 때는

여행지에서 들었던 음악들을 들어 보세요.

좋았던 기억들이 떠오르며

다시 한 번 기운을 낼 수 있을 거예요.

일과 사람에 치여 지치고 짜증이 나더라도 가능한 집으로 끌고 가지는 않으려고 합니다. 모든 에너지를 쏟아 정열적으로 강연을 한 뒤에는 특히 몸도 마음도 피로에 찌든 상태가 됩니다. 그럴 때면 집으로 향하는 차나 기차 안에서 클래식 음악을 들으며 기분 전환을 하고, 이제부터 하고 싶은 즐거운 일이나 먹고 싶은 맛있는 음식 같은 것을 떠올리면서 마음을 편히 가집니다.

그리고 현관문 앞에 도착하기까지 10분 정도 긴장을 풀고 집에 들어서기 전에 다시 한 번 크게 심호흡을 합니다. 마음을 가라앉히는 마지막 확인 단계입니다. 몸 전체에 새로운 공기를 충분히 받아들이면서 한 번 더 기분 전환을 하고 나면 집에 들어갔을 때쯤에는 피로해진 몸도 마음도 상당히 회복되어 있습니다.

1 min

일을 마치고 집에 들어선 순간부터는

일에 관한 생각은 하지 않으려고

의식적으로 노력해 보세요.

시간에 신경 쓰지 않는 날을 만들어 보세요

숲속 산장에 갔을 때는 손목시계를 풀고 시간에 신경 쓰지 않고 지냅니다. 산새의 노랫소리에 귀를 기울이면서 나무 틈으로 새어 들어오는 아름다운 햇살에 눈을 빼앗기고 있노라면, 이대로 시간이 멈춰서 이 순간이 영원히 지속될 것만 같은 신기한 감각에 휩싸입니다.

시간을 신경 쓰지 않고 사는 것은 인생에 대해서 깊이 생각하는 기회가 되기도 합니다. 이 기분 좋은 습관이 어느새 몸에 배서, 도쿄에서도 휴일에는 시계를 차지 않고 지내기로 했습니다. 집을 나설 때도 시계를 풀고, 그날은 시간을 확인하지 않습니다. 내가 하고 싶은 일을, 나의 의지에 따라, 시간에 구애받지 않고 하는 날인 것이지요.

그런 하루를 보내고 나면 '참 좋은 하루였다'라고 마음속 깊은 곳에서부터 충만한 기분이 솟아납니다.

🕐
1 min

일상이 너무 팍팍하다고 느껴질 땐 하루쯤은

'시계를 보지 않는 날'을 만들어 보세요.

무엇에도 구속받지 않은 하루를 보내고 나면

한결 기분이 가벼워질 거예요.

삶의 공간을 산뜻하게 관리하는 습관

간소하고
쾌적하게

애써서 시간과 노력을 들인다고
언제나 쾌적한 집에 살 수 있는 것은 아닙니다.
오히려 짧은 시간 안에
요령껏 움직이는 생활 습관을 익히는 편이 좋습니다.
몸도 마음도 지치지 않고 산뜻한 공간에서
기분 좋게 지낼 수 있는 최고의 방법이니까요.

몸도 마음도 편해지는 ────
1분 집안일을 실천해 보세요

청소는 싫고, 시간도 없고, 할 생각도 없지만, 그래도 아름다운 집에서 살고 싶다. 대부분의 사람이 이렇게 생각하고 있지 않을까요? 그렇지만 현실은……. 자기 집을 떠올리면 한숨이 먼저 나온다는 사람이 많은 것 역시 현실입니다.

어떤 사람은 일이 바빠서, 또는 딱 질색이라서 집안일에 전혀 관심을 두지 않기도 합니다. 청소나 집안일을 좋아해서 매일 너무 열심히 한 나머지 어느새 몸도 마음도 지쳐버린 사람도 있습니다. 독일에서도 결벽증에 가깝게 청소에만 몰두하는 사람은 '청소광'이라 불리며 아무도 부러워하지 않습니다.

"어딜 봐도 정말 깨끗하네요."

지은 지 19년 된 우리 집에 놀러온 손님들은 모두 입을 모아 이렇게 말합니다.

"아니에요. 가까이에서 보면 그렇게 깨끗하지도 않아요."

이렇게 말해도 "설마 그럴 리가요?"라며 곧이듣지 않습니다.

자랑은 아니지만, 외벽만 칠을 새로 했을 뿐 내부의 대규모 리모델링은 한 번도 하지 않았습니다. 최근에서야 수도꼭지와 식기세척기, 샤워기가 고장 나서 새로 바꾼 정도입니다. 자세히 보면 부엌에도 욕조에도, 오래 쓰다 보니 생긴 생활 흠집과 얼룩은 무수히 많지만, 언제나 더러워지면 바로 닦기 때문에 표면에 때가 묻어 있지는 않습니다.

나는 일도 해야 하고, 시간과 체력에도 한계가 있습니다. 즐거운 인생을 살기 위해서 개인적인 시간도 최대한 즐기고 싶습니다. 음악을 듣고, 요리를 하거나 과자를 굽고, 운동으로 땀을 흘리고, 여행도 가고 싶습니다. 그렇다고 해서 더러워진 집을 외면한 채 집안일에서 손을 놓고 싶지도 않습니다. 그러려면 어떻게 하면 좋을까를 오랫동안 고민해 왔습니다.

　짧은 시간 내에 필요한 집안일을 끝내고 싶다면 어떻게 해야 할까? 그 결과 찾아낸 방법이 바로 '1분 집안일'입니다. **나는 매일의 생활 행동 곳곳에 1분 이내에 끝나는 집안일을 포함시킬 수 있다는 사실을 발견했습니다.** 그것들을 조금씩 실행에 옮기기만 하면 됩니다. 1분이면 끝나니까 지칠 일도 없습니다. 그렇게 해서 집 안이 깨끗해지면 삶에 자신감이 생기고, 자신감은 다시 내일을 활기차게 살아갈 힘으로 이어집니다.

지금으로부터 100년도 훨씬 이전에 일본을 찾아왔던 외국인들은 나무와 흙, 종이로 만들어진 작은 일본의 집을 보고 '청결하고 개방적인 공간'이라며 감탄했다고 합니다. 가구랄 것하나 없이 방 한 칸에서 먹고 자고 생활할 수 있는 좁은 다다미방. 하지만 거기에 숨어 있는 뛰어난 지혜와 기능성에 놀라움을 금치 못했다는 것입니다.

내가 어릴 때만 해도 대부분의 집에서 좌식 생활을 했습니다. 밥상을 비롯한 작은 가구 몇 가지가 있을 뿐이었지요. 좁아도 거기에는 가족 사이의 정이 있었고, 밥상을 접어서 벽에 세워 두면 침실이 되었습니다.

그러나 지금, 일본의 집에는 물건들이 넘쳐나고 그것을 어떻게든 하고 싶은 사람들의 비명에 가까운 목소리가 들려옵니다. 이사 전날 밤처럼 텅 비어 있던 옛날 그 시절로 돌아가는 것은 이제 불가능하지만, 물건의 편리함을 향유하면서도 필요 이상의 것을 소유하지 않으려 하는 자세도 중요합니다.

삶을 심플하게, 언제나 깨끗하게 유지하기 위해서는 집 안에 물건을 어수선하게 늘어놓지 않아야 합니다. 물건이 너저분하게 굴러다니면 보는 것만으로도 정신이 피곤해지고 깨끗하게 치우고 싶다는 적극적인 마음이 사라져버립니다.

물건이 많으면 그만큼 먼지도 많이 쌓이고 쉽게 더러워져서, 청소할 곳도 많아지고 시간도 체력도 소진되어 도저히 1분 안에 다 끝낼 수 없게 되어 버립니다. 그렇게 되지 않도록 생활을 다시 한 번 점검해 볼 필요가 있습니다.

‖ 물건을 적당히 소유하는 마인드 컨트롤 ‖

- 물건마다 정리할 위치를 정해 두고 사용한 뒤에는 반드시 제자리에 가져다 둡니다.

- 물건을 살 때는 어디에 둘 것인지를 잠시 상상해 보세요. 대부분의 물건은 더 이상 둘 곳이 없고, 살 필요도 없다는 것을 알게 됩니다.

- 버릴까 말까를 고민하는 것보다 사지 않기로 결심하는 것이 중요합니다.

- 물건은 끝까지 철저하게 사용할 생각으로 소유하고, 그것을 항상 되새깁니다.

수납 여유 공간을 늘 비워두세요

　물건이 늘어나는 것은 집 안에 있는 수납공간보다 더 많은 양의 물건을 소유하기 때문입니다. 물건을 지나치게 많이 가지고 있는 것은 매일의 생활에도 좋지 않은 영향을 줍니다. 어디에 뭘 두었는지 몰라서 짜증이 나고, 물건을 사서는 어디에 두었는지를 잊어버리고 맙니다. 매일 습관적으로 이렇게 살다 보면 경제적으로도 정신적으로도 부담이 쌓이게 됩니다.

　"수납공간에는 한계가 있다!"

　항상 스스로에게 이렇게 다짐합니다.

소유하는 물건의 양은 수납공간의 70퍼센트가 가장 적당합니다. 일을 하는 동안에는 50퍼센트까지 줄이기는 어렵고, 그렇다고 100퍼센트가 되면 여유 공간이 없어지기 때문에 통풍에도 좋지 않고 옷을 관리하기도 어렵습니다.

매일 외출을 하고, 손님 방문이 잦고, 평소에 물건을 자주 사용하는 라이프 스타일이라면 30퍼센트 정도는 빈 공간이 있어야 쾌적합니다. 어디에 무엇이 있는지를 한눈에 알 수 있고, 통풍이 잘되기 때문에 물건도 오래갑니다. 무엇보다도 청소가 굉장히 편해집니다. 물건을 여유 공간으로 치워놓고 빈 공간의 먼지와 쓰레기만 치우면 되기 때문입니다.

집안일 기본 규칙을 ─ 만들어 보세요

매일의 삶 속에서 이 정도는 유지하고 싶다는 최소한의 집안일을 정해 두면 하루가 쾌적하고 원활하게 흘러가고 집이 언제나 깨끗하게 유지됩니다.

나는 가능한 집안일에 시간을 들이고 싶지 않기 때문에 매일 꼭 필요한 집안일은 내 행동 패턴 속에 아예 끼워 넣어두었습니다. 청소와 요리, 그리고 그 외의 집안일이 기본이 됩니다. 예를 들어 볼까요?

‖ 집안일 기본 규칙 ‖

- 바닥에 떨어진 쓰레기나 물건은 반드시 바로 치웁니다.

- 속옷과 양말은 그때그때 세탁하고, 쌓이지 않도록 종종 체크합니다.

- 침대시트, 베개커버, 잠옷, 수건 등은 주 단위로 세탁하는 요일을 정해 둡니다.

- 식사는 하루 세 번 영양을 고려해 만들어 먹습니다.

- 설거지는 바로바로. 양이 적으면 손으로, 양이 많으면 식기세척기를 사용합니다.

- 물을 사용하는 부엌의 싱크대와 세면대 등은 언제나 청결을 유지합니다. 생각날 때마다 닦고, 사용하고 나서 바로 닦는 것이 기본입니다.

- 집에 들어오고 나갈 때마다 현관의 구두를 정리하고, 어제 신은 구두를 수납합니다.

'아이고, 그걸 언제 다 해!'라고 생각할 수도 있지만, 몸과 마음에 완전히 입력되면 생각보다 훨씬 간단하게 끝납니다.

침대 정리와 함께

아침을 시작해 보세요

—

아침에 일어나면, 제일 먼저 창문을 엽니다. 아침의 햇빛을 받으면 몸과 마음에 활기가 생깁니다. 태풍이 불지 않는 한, 흐리거나 비가 오는 날이라도 아침에는 햇빛을 느끼며 크게 심호흡을 합니다. 창문을 열면 신선한 공기가 들어오면서 밤새 탁해진 방 안의 공기가 맑아집니다. 쿰쿰한 냄새가 나는 방은 아무리 깨끗이 정리해도 소용이 없습니다.

그리고 나서는 침대에서 내려오면서 겸사겸사 이불을 벗기고 **침대시트와 베개의 주름을 펴서 간단히 침대 정리를 해둡니**

다. 이것만으로도 방을 나설 무렵에는 침실의 정리정돈이 대부분 끝납니다. 물론 보기에도 훨씬 더 깔끔해 보입니다.

일주일에 1번 정도는 침대시트의 주름을 펴면서 침대 주위의 자명종 시계를 닦거나 사이드테이블 위를 닦습니다. 닦는 데 사용하는 수건은 가까운 세면대의 손잡이 등 금방 손이 닿는 장소에 둡니다. 동시에 침실의 문손잡이도 닦아 둡니다. 침실 시계의 유리와 문손잡이, 거울같이 빛나는 물건이 항상 깨끗하게 반짝거리면 방 안이 몇 배로 깨끗해 보입니다. 작은 노력이지만 하루의 시작을 기분 좋게 맞이하는 데 큰 도움이 됩니다.

물기를 닦아 주는 것만으로 ─ 청소는 끝이에요

물을 사용하는 곳을 언제나 깨끗하게 유지하는 비결은 사용한 뒤 '물방울을 닦는 것'입니다. 사용하고 난 뒤 튄 물방울을 그대로 두면 물때가 생기면서 점점 닦아내기 어려워집니다. 그러면 청소를 하는 데 시간이 걸려서 몸이 피곤해지고 기분도 우울해집니다.

힘들이지 않고 일상 속에서 바로 실천할 수 있는 청소 방법을 알려드릴까요?

‖ 깨끗한 화장실 유지하기 ‖

- 세면대에서 세수로 하고 나면 세면대의 물방울을 마른 수건으로 닦아냅니다.
- 검사검사 거울이 더럽지는 않은지 점검합니다. 세면대 주위, 내부, 거울, 수도꼭지까지 빼놓지 않고 손 가는 대로 한꺼번에 닦아 둡니다.
- 이를 닦으면서 세면대 주위의 화장품이나 소품을 체크하고 방향을 맞추어 정렬하면서 더러워진 것을 닦아냅니다.
- 변기를 사용한 뒤에는 변기 안쪽을 자루 달린 솔로 문질러 닦습니다.
- 화장실에서 나오면서 욕실 슬리퍼를 정리합니다.

그때그때 물방울을 닦아주기만 하면
언제나 깨끗한 화장실을 사용할 수 있습니다.

부엌일은
겸사겸사 ─
해보세요 ─

나의 경험상 바쁜 아침에 다른 일을 하면서 동시에 집안일을 해치우는 습관을 몸에 익혀 두면 어느새 손이 기억하고, 완전히 몸에 배면 매일매일 집안일에 들이는 시간에 큰 차이가 생깁니다.

특히 부엌 청소의 경우에는 겸사겸사 다른 일을 하면서 해 두면 아주 큰 도움이 됩니다.

‖ 조리대 닦기 ‖

아침에 부엌에 서면 우선 조리대를 닦습니다. 아무 생각 없이 집중해서 손을 움직이기만 하면 됩니다. 손이 기억할 정도가 되면 의식하기도 전에 조리대 청소가 끝납니다.

‖ 주전자 닦기 ‖

물을 끓인 뒤 젖은 행주로 주전자를 닦습니다. 아직 여열이 남아 있는 동안 닦아내면 거의 때가 타지 않습니다. 일부러 주전자 관리를 하지 않아도 언제나 반짝반짝합니다.

‖ 냉장고 닦기 ‖

냉장고를 여는 김에 앞면을 따뜻한 물에 적신 행주로 닦습니다. 안쪽 면까지 닦아 둡니다. 가족 수나 라이프 스타일에 따라 다르지만, 냉장고는 보통 하루 열 번 이상은 열게 됩니다. 내가 냉장고를 몇 번이나 여는지 생각해 보고 그중에 아침식사 시간에 한 번, 저녁과 밤에 각각 한 번씩, 이렇게만 닦아도 손때나 음식물 자국에서 해방되어 보기에도 깔끔한 것은 물론 청결함도 유지할 수 있습니다.

‖ 요리와 정리를 동시에 ‖

요리를 하는 중에 더러워진 곳은 '동시'에 '겸사겸사' 정리합니다. 이 습관이 몸에 배면 요리가 완성될 쯤에는 마치 마술처럼 사용한 장소와 도구가 깨끗하게 정리됩니다.

냄비나 프라이팬 같은 조리 도구는 요리하는 도중에 틈틈이 닦습니다. 일부러 식사 후에 따로 시간을 내지 않아도 요리하는 도중에 틈틈이 손질을 해버리는 것입니다. 습관이 되면 손이 제멋대로 움직여서 '귀찮다'고 생각하기도 전에 이미 깨끗하게 정리가 끝나 있을 것입니다.

‖ 가스레인지를 사용한 뒤에는 ‖

프라이팬으로 요리를 하면 사방으로 1미터 가까이 기름이

튑니다. 벽이나 가스레인지 주위에 사방팔방 튄 기름은 바로 닦습니다. 묻은 지 얼마 안 된 기름은 한 번만 닦아도 깨끗해집니다. 가스레인지 주위로 넘친 국물도 바로 닦아냅니다. 긴 젓가락에 젖은 행주를 감아서 닦아내면 간단합니다.

‖ 프라이팬 냄비를 사용한 뒤에는 ‖

요리할 때 사용한 프라이팬이나 냄비 같은 조리 도구는 아직 여열이 남아 있는 동안 얼른 물에 헹구고 수세미로 문지릅니다.

문지른다기보다는 닦아내는 정도면 충분합니다. 여열이 남아 있는 동안 뜨거운 물로 헹구면서 겸사겸사 씻어낸다는 느낌입니다. 이 정도만 해도 표면에 묻은 찌꺼기는 거의 다 떨어집니다. 아무리 더러워졌어도 여열이 남은 동안 닦아내면 깨끗해집니다.

　매일 욕실을 깨끗하게 청소하려면 귀찮기 짝이 없지요. 그래서 나는 욕실을 사용한 직후를 청소 시간으로 삼아버립니다. 수증기와 뜨거운 물로 욕실 안과 욕조의 때가 불어 있어서, 크게 힘들이지 않고 깨끗하게 청소할 수 있는 최고의 타이밍이니까요.

　바로 사용할 수 있도록 수세미와 청소솔을 욕실 구석에 준비해 두면 편리합니다. 귀여운 꽃무늬나 동물무늬의 도자기 화분에 정리해 두면 인테리어로도 훌륭합니다. 청소 도구는 손을 움직이고 싶을 때 바로 실행에 옮길 수 있도록 눈에 보이는 곳, 꺼내기 쉬운 장소에 두는 것이 좋습니다.

‖ 욕조 닦기 ‖

욕조 안에 따뜻한 물을 끼얹으면서 수건으로 닦으면 물때와 피지 등이 떨어져 반짝거립니다. 욕조 가장자리의 물방울과 수도꼭지도 닦습니다.

‖ 벽에 뜨거운 물 끼얹기 ‖

욕실 벽에는 수증기와 샤워를 할 때 튄 물방울이 묻어 있습니다. 벽을 구석구석 깨끗하게 닦으려 들면 생각하기만 해도 마음이 무거워집니다. 창문을 열고, 환기를 충분히 시키면서 샤워기로 뜨거운 물을 끼얹어 둡니다. 이것만으로도 곰팡이와 물때를 방지할 수 있습니다.

벽에 뜨거운 물을 끼얹을 때의 포인트는 바닥으로부터 10센티, 천정으로부터 10센티 정도를 중점적으로 하는 것이 포인트입니다. 이것만으로도 더러움 방지 대책으로 상당히 효과가 있습니다.

‖ 욕실 문과 문틀 닦기 ‖

문의 표면과 바닥과의 경계를 이루는 문틀에는 비누거품과 샴푸 등이 튀어 있습니다. 샤워기로 물을 끼얹고 수건으로 닦아 두면 곰팡이와 검고 미끈거리는 물때가 생기는 것을 방지할 수 있습니다.

하루를 마무리하는 ── 작은 습관을 만들어 보세요

하루를 마무리한 뒤에, 또는 휴일에 마음 편히 쉬는 장소가 바로 '스위트 홈'. 특히 거실은 좋아하는 음악을 듣거나 와인을 마시면서 책을 읽는 나만의 은신처 같은 공간으로 만들고 싶습니다. 그러려면 언제나 아늑하고 깔끔하게 유지되어야겠지요.

의식하지 않고도 어느새 어질러진 것을 깨끗하게 정리하는 **습관이 몸에 배면 편리하고 유용합니다.** 여러분도 자신에게 맞는 방법을 이것저것 찾아보며 나름의 습관을 만들어 보세요.

‖ 테이블 아래 쓰레기 체크 ‖

테이블에서 책을 읽거나 컴퓨터를 사용할 때 잠깐 발밑에 쓰레기가 없는지 체크하고, 있으면 주워서 버립니다.

‖ 테이블 닦기 ‖

사용하기 전에 한 번, 사용하고 나서 한 번 수건을 꼭 짜서 테이블 위를 닦습니다.

‖ 텔리비전과 오디오 먼지 닦기 ‖

텔레비전 화면은 정전기가 잘 생겨서 먼지와 손때로 더러워지기 쉽습니다. 텔레비전을 켜기 전에 화면을 마른 수건으로 닦습니다.

‖ 세면대의 수건 정리 ‖

자기 전 이를 닦은 후 세면대 주위의 물방울을 닦고 새 수건
을 가지런히 걸어 둡니다.

‖ 현관의 구두 정리 ‖

현관 문단속을 하고 불을 끄면서 겸사겸사 한 번 더 현관의
구두를 정리합니다. 이렇게 하면 다음 날 아침 깔끔한 현관을
지나 기분 좋게 아침 신문을 가지러 갈 수 있습니다.

현관은 언제나 깨끗하게.
현관은 그 집에 사는 사람의 얼굴이나 다름없으니까요.

쾌적한 삶을 위한 —
나만의 규칙이 필요해요

야행성 체질이라면 다르겠지만, 매일 아침 일어나 잠들기까지 태양과 함께 움직이는 규칙적인 생활을 하는 것은 건강한 몸과 마음을 유지하기 위해서도 매우 중요합니다.

나에게 있어 '1분 집안일 습관'은 쾌적한 삶을 손에 넣기 위한 것입니다. 쾌적한 삶에 대한 나만의 원칙이 있기 때문에 1분 집안일 습관은 더욱 위력을 발휘합니다.

‖ 쾌적한 삶을 위한 나만의 규칙 ‖

- 세탁과 청소를 부지런히 해서 집과 나 자신이 항상 깨끗해 보이도록 신경을 씁니다.

- 집안일을 할 때 완벽을 추구하지 않습니다. 무슨 일이든 무리를 해서는 지속하기 힘들고, 정신적으로 지쳐서 달성감도 얻을 수 없습니다.

- 건강한 식생활을 하기 위해 노력하고 충분한 수면을 취합니다. 언제 어디서든 적당히 몸을 움직이는 생활 습관을 유지합니다.

- 환풍기를 돌리거나 창문을 열어 집 안의 환기를 충분히 시킵니다. 그래야 습기와 먼지가 집 안에 쌓이지 않습니다. 바람이 잘 통하고 공기가 깨끗한 집에는 더러움도 발붙일 곳을 찾지 못하는 법입니다.

매일의 사소한 집 안 정리를 잊지 마세요

시간을 들인다고 무조건 집 안이 깔끔하게 정돈되고 구석구석까지 깨끗해 보이지는 않습니다. 짧은 시간 안에 재빨리 청소를 끝내고, 내가 아니라 남이 봤을 때 "어머, 정말 깨끗하네요!"라고 감탄해 주었으면 하는 것이 속마음.

언제 갑자기 손님이 와도 당황하지 않을 수 있도록 항상 깨끗하게 정리되어 보일 것. 이것이 '오키 사치코의 매직'의 출발점입니다.

‖ 방 안의 공기는 언제나 신선하게 ‖

자주 창문을 열고 환풍기를 돌리는 습관을 들입시다. 집 안의 공기가 답답하고 탁하게 느껴지면, 공기만이 아니라 다른 곳도 점점 더러워지기 시작합니다. 그뿐 아니라 탁한 공기 속에서는 뇌가 제 기능을 다하지 못하고 활력도 없어지기 쉽습니다. 언제나 상쾌한 기분으로 지내기 위해서도, 집 안을 아름답게 유지하기 위해서도 집 안의 환기에 항상 신경을 써야 합니다.

‖ 가볍게 청소기 밀기 ‖

청소기는 매일 1분 이내에 돌릴 수 있도록 바닥을 세분화해 두고 있습니다. 오늘은 식당 바닥, 내일은 문 주변, 그다음 날은 현관만, 하는 식이지요. 이렇게 하면 걸리는 시간도 분 단위로 끝나고 몸도 힘들지 않으면서 깨끗해진 것을 실감할 수 있어 기분도 만족스럽습니다.

물론 청소 도구는 생각나면 바로 '손닿는' 장소에 둡니다.

‖ 테이블 위는 깔끔하게 ‖

물건은 한곳에 모아두는 습관을 들입니다. 이것은 독일에서 아이들에게 가르치는 정리정돈 방법의 기본입니다. 독일 아이들은 어려서부터 자기가 가지고 논 장난감은 직접 정리하는 습관을 배웁니다.

테이블 위에 펼쳐진 다 읽은 신문이나 잡지를 착착 쌓아서 정리하는 정도는 어른이 하면 1분도 걸리지 않으니 꼭 익혀 두면 좋습니다. 테이블이나 식탁 위가 깔끔하게 정리되어 있기만 해도 집 안이 넓고 아름다워 보입니다.

‖ 바닥을 깨끗하게 ‖

바닥에 흩어진 쓰레기는 정리하거나, 버리거나, 봉투에 일단 넣어 둡니다. 봉투에 넣은 것은 시간이 있을 때 필요한 것과 필요 없는 것으로 분류해서 정리하면 됩니다. 경험상 봉투에 넣은 것 중 90퍼센트는 이미 쓸모가 없어진 것이었습니다.

‖ 현관의 구두는 가지런히 ‖

현관의 구두는 항상 가지런히 정리해 둡니다. 여러 번 반복해서 말하는 것 같지만, 구두가 어수선하게 놓여 있으면 아무리 유명 브랜드의 고급 제품이라 해도 현관만이 아니라 집 안 전체가 지저분하게 어질러져 있다는 인상을 줍니다. 어려서부터 현관의 구두를 가지런히 정리하라고 교육받았던 탓인지, 아직도 신발은 벗자마자 바로 정리하는 습관이 몸에 배어 있습니다.

‖ 1분 현관 청소 ‖

예전에 고층 아파트에 살던 시절에는 현관을 청소할 때 항상 신문지를 사용했습니다. 지금 사는 집은 주택이기 때문에 문만 열면 항상 밖에서 신선한 공기가 들어옵니다. 하지만 고층 아파트는 복도에 창문이 없어 환기가 시원치 않았습니다.

그때 신문지를 활용해서 먼지를 날리지 않고 깨끗하게 청소할 수 있는 방법을 떠올렸습니다. 옛날 할머니들은 다다미에 젖은 신문지를 찢어서 뿌리고 빗자루로 쓸어내는 지혜로운 방법으로 청소를 했습니다. 젖은 신문지가 먼지를 흡수하기 때문에 먼지바람을 일으키지 않고 청소를 할 수 있는, 예로부터 전해져 내려오는 뛰어난 생활의 지혜입니다.

나는 이 방법을 현관 청소에 응용했습니다. 장소만 바꾸면 현대에도 충분히 활용할 수 있는 방법입니다.

‖ 반짝이는 유리와 금속 닦기 ‖

온 집 안의 반짝이는 유리와 금속 종류를 닦습니다. 청소가 끝나면 일상생활을 하면서 동선 안에 있는 온 집 안의 반짝이는 것들, 즉 유리와 금속류를 모두 닦습니다. 싱크대의 수도꼭지, 방 안의 거울과 문손잡이, 컴퓨터와 텔레비전 화면 등 '반짝이는' 것들을 마른 수건으로 닦으면 됩니다. 먼지와 더러움이 벗겨져 반짝반짝 빛이 나면 집 안 전체가 깨끗하고 아름다워 보입니다.

한곳에만 몰두해서 열심히 닦다 보면 어쩐지 몸도 마음도 때를 벗고 정신이 맑아지는 기분이 듭니다.

책상이나 테이블 위에 단 한 송이라도 생화를 장식하면 집 안이 아름다워집니다. 꽃집에서 사온 것이라도, 산책 도중이나 회사에 오가는 길가에서 발견한 야생화라도 상관없습니다.

살아 있는 화초가 있으면 방이 환해지고 공기도 신선해집니 다. 산책 도중 발견한 이름 모를 야생화를 꼭 집에 가져오고 싶 다면, 반으로 자른 감자 사이에 꽂아 두면 잘 시들지 않습니다.

꽃송이가 크고 줄기가 약한 난 같은 경우는 금방 꽃송이가 구부러지기 쉬운데, 무에 칼집을 넣어 꽂은 뒤 꽃병에 넣으면 생생하게 오래갑니다.

우리 집에는 꽃병에 장식한 꽃 외에도 여러 해 동안 가꾸어 온 관엽식물 화분도 있습니다. 일 년 내내 푸르른 이파리를 바라보면 어느새 일하느라 피곤해진 몸과 마음이 살며시 치유됩니다. 방의 공기까지 깨끗하게 해주는 식물은 잎이 생명입니다. 물에 적셔 꼭 짠 수건을 돌돌 말아서 닦습니다. 물에 우유를 조금 넣으면 잎에 더욱 윤기가 돌아 활기를 되찾은 느낌이 듭니다.

집에 자연스럽게 생화가 장식되어 있으면 그곳에 사는 사람이 얼마나 정성껏 일상을 살아가고 있는지, 그 숨결이 느껴지는 것 같아 마음까지 훈훈해집니다.

항상 생화를 집에 장식합니다.
집과 더불어 마음까지 아름다워집니다.

쓰고 나면 바로
손질하는 습관을 가져 보세요

무언가를 사용하고 나면 깨끗하게 손질하는 습관도 중요합니다. 방금 막 사용한 참이라면 그리 심하게 더럽지 않아 금방 편하게 손질을 끝낼 수 있습니다. 그러면 몸도 마음도 지치지 않습니다.

물건을 조심스럽게 사용하고 깨끗하게 손질해 두는 것은 예절과 비슷한 의미가 있습니다. '바빠서'는 더러운 방과 낡고 얼룩진 옷의 이유가 될 수 없습니다. 바빠서 시간이 없기 때문에 오히려 매일 일상의 흐름 속에서 할 수 있는 집안일을 발견하고자 하는 것입니다.

‖ 정장 ‖

입을 기회가 없어 옷장 속에서 화석이 되어 버린 정장이 있다면 일부러라도 '햇빛을 볼' 기회를 만들어 줍시다. 입어 보면 '지금 내가 입기에는 너무 화려하네'라든가 '유행이 지났어' 하면서 쉽게 처분할 결심을 하게 될 수도 있습니다. 생각지도 못했던 얼룩을 발견하고 관리하는 기회가 될 수도 있습니다.

‖ 그릇 ‖

우리 집은 그릇의 수가 많지 않아서 손님 접대용으로도 평소에 사용하는 것을 씁니다. 그래도 자주 사용하지 않는 그릇이 있어서, 찬장에 전시된 채로 뿌옇게 먼지를 뒤집어쓰고 있는 경우도 있습니다. 그러면 일부러라도 꺼내서 차를 마시거나 홈파티를 열어 사용할 기회를 만듭니다.

냉장고 속 남은 음식을 ──
청소 도구로 활용해 보세요

‖ **부엌의 기름때에는 맥주를** ‖

　술은 와인을 조금 마실 뿐입니다. 어쩌다 사람들을 만나서 맥주를 마실 일이 있어도 한 모금 정도 하는 편이라 거의 남아 버립니다. 남은 맥주는 버리지 말고 부엌의 기름때를 제거하는 데 사용하면 유용합니다.

　남은 맥주를 수건에 적셔서 가볍게 문질러 닦아냅니다. 요리하다 국물이 넘친 자국이나 눈에 보이지 않는 기름때도 깔끔하게 지워집니다. 심하게 더러워져서 한 번에 지워지지 않는다면 무리하지 않고 여러 번에 나누어 닦습니다.

냉장고의 문짝이나 선반에 묻은 손때를 닦을 때도 좋습니다. 기름때를 제거하면서 항균 소취 작용도 하므로 일석이조의 효과가 있습니다. 맥주 냄새가 약간 남을 수 있지만 금방 없어집니다.

맥주로 기름때를 깨끗하게 닦을 수 있는 것은 맥주에 포함된 알코올과 비타민 E가 기름을 분해하기 때문입니다. 맥주 같은 음료를 비롯해 쉽게 구할 수 있는 남은 식재료를 사용하는 청소는 1분도 채 걸리지 않습니다.

‖ 스테인리스 세척은 남은 식재료로 ‖

튀김이나 부침 요리를 한 뒤에 남은 밀가루를 그대로 젖은 수건에 묻혀 스테인리스를 닦으면 반짝반짝 깨끗해집니다.

스테인리스는 미세한 흠집이 생기기 쉽기 때문에 초록 수세미같이 연마력이 강한 도구는 절대 사용해서는 안 됩니다. 미세한 흠집이 생기면 오히려 더 쉽게 더러워집니다.

요리를 만들 때 사용한 무, 당근, 오이 등의 끄트머리로 스테

인레스를 문지르면 물때가 깨끗하게 없어집니다. 그뿐 아니라 식재료를 버리지 않고 끝까지 유용하게 썼다는 만족감을 느낄 수도 있습니다.

‖ 남은 식빵으로 냉장고 냄새 제거하기 ‖

너무 오래 구워서 딱딱하게 말라버렸거나 오래되어 굳은 식빵은 냉장고에 넣어 둡니다. 냉장고에 식빵을 넣어 두기만 해도 탈취와 제습 효과를 얻을 수 있습니다.

‖ 옥수수 껍질로 수세미 만들기 ‖

산장에서 여름을 보낼 때면 빼놓을 수 없는 식재료가 바로 옥수수입니다. 가까운 휴게소에서 산 아침에 갓 수확한 옥수수는 삶거나 구워서 아침저녁으로 식탁에 올립니다. 옥수수 껍질을 버리지 않고 설거지용 수세미를 만드는 것도 산장 생활의 습관 중 하나입니다.

옥수수 두세 개 정도의 껍질을 겹쳐서 반으로 접고 끝부분을 고무줄이나 끈으로 묶으면 완성! 옥수수 껍질은 옛날에도 수세미 대신 사용했을 정도로 튼튼합니다. 물에 적셔서 문지르면 기름때도 깨끗이 지워집니다. 버려야 하는 재료를 유용하게 쓸 수 있고, 세제도 필요 없어 친환경적이니 더욱 만족스럽습니다.

조금만 신경 쓰면 ─ 집 안 공기가 달라져요

아름답고 쾌적한 집이라면 기본적으로 정리정돈이 잘되어 있고 구석구석 깨끗하게 청소가 된 것은 물론, 항상 신선한 공기가 흐르는 것도 중요합니다. 아무리 열심히 청소를 했어도 환기를 충분히 시키지 않으면 깨끗한 느낌이 들지 않아 금방 다시 지저분해지기 때문입니다.

아침에 일어나자마자 창문을 열어 방 안의 공기를 바꾸는 것은 이미 매일 실천하고 있는 습관입니다. 외출할 때도 조금만 신경 쓰면 항상 환기를 시킬 수 있습니다.

외출할 때는 욕실과 모든 방문을 열어 둡니다. 이렇게 하면 집 안에 공기의 흐름이 생겨 외출한 동안에도 환기를 시킬 수 있습니다. 꽃병의 꽃과 화분의 관엽식물도 생기를 잃지 않습니다. 옷장과 붙박이장의 문짝도 조금 열어 두면 냄새와 습기가 차지 않아 곰팡이도 예방할 수 있습니다.

내가 원하는 삶을 위한
작은 노력을 멈추지 마세요

나는 '생활의 달인'이 되기를 꿈꿉니다. 회사일이든 집안일이든, 아니면 다른 무슨 일이든 지금 나에게 주어진 환경을 소중하게 여기며 충실하게 가꾸어 갈 수 있기를 바랍니다.

일과 여가, 몸과 마음, 삶과 휴식, 집안일과 취미……. 이런 것들 사이에 경계를 뚜렷이 나누는 일 없이, 인생의 꿈과 목적을 품고 활기찬 매일을 보내고 싶습니다.

누군가 원하는 삶을 고를 수 있게 해준다면 사람들이 깜짝 놀랄 만한 화려한 삶보다, 간소하고 성실한 생활을 고를 것입니다. 매일의 일상이 감사와 사람으로 충만한 인생을 살고 싶습니다. 가능하다면 행복하고 평온한 마음을 항상 유지하면서 말이지요.

그러기 위해서 나의 주위 환경을 정비하는 데 항상 신경을 씁니다. 내 주위에 있는 모든 것이 나의 삶의 방식과 생각하는 방식, 나의 꿈을 그대로 보여주는 것이니까요. 마음에 쏙 드는 물건들, 작아도 쾌적하고 아름다운 집. 이렇게 바람직한 환경에 둘러싸여 있으면 더 멋지고 풍요로운 인생을 보낼 수 있을 거라고 생각합니다.

"어디를 찍어도 그림처럼 아름다워요."

우리 집을 촬영하기 위해 방문한 잡지 편집자가 무심결에 내뱉은 말입니다.

'그림처럼 아름답게 살려고 노력하고 있으니까요……'

나는 방에 장식한 꽃을 바라보며 마음속으로 중얼거렸습니다. 간소하더라도 청결하고 아름다운 환경은 몸도 마음도 풍요로운 인생을 보내기 위해 꼭 필요한 요소입니다. 그러니까 지금까지 그래왔듯이 앞으로도 계속 집을 깨끗하게 가꾸고 곳곳에 싱그러운 꽃을 장식하겠지요.

집을 깨끗하게 가꾸는 '작은 습관'도, 꽃을 장식하는 찰나의 순간도, 이 모든 것은 내가 원하는 삶을 위한 나의 투자인 셈입니다.

이 책을 읽은 여러분의 일상 속에도 기분 좋은 작은 습관들이 가득하기를 바랍니다.

오키 사치코

간단하지만 몸에 익히면 좋은

1분 작은 습관

초판 1쇄 인쇄 2018년 1월 25일
초판 1쇄 발행 2018년 2월 10일

지은이 오키 사치코 **옮긴이** 윤은혜 **펴낸이** 김종길 **펴낸 곳** 인디고

기획편집 박성연·이은지·이경숙·김진희·임경단·김보라·안아람
마케팅 박용철·임우열 **디자인** 정현주·박경은·손지원 **홍보** 윤수연 **관리** 박은영

출판등록 1998년 12월 30일 제2013-000314호
주소 (121-840) 서울시 마포구 양화로 12길 8-6(서교동) 대륭빌딩 4층
전화 (02) 998-7030 **팩스** (02) 998-7924
페이스북 www.facebook.com/geuldam4u **인스타그램** geuldam
블로그 http://blog.naver.com/geuldam4u **이메일** geuldam4u@naver.com

ISBN 979-11-5935-027-6 (02320)
책값은 뒤표지에 있습니다.
잘못된 책은 바꾸어 드립니다.

이 도서의 국립중앙도서관 출판시도서목록(CIP)은 e-CIP 홈페이지(http://www.nl.go.kr/ecip)
와 국가자료공동목록시스템(http://www.nl.go.kr/kolisnet)에서 이용하실 수 있습니다.
(CIP 제어번호 : 2018001191)

만든 사람들————
책임편집 이은지 **디자인** 박경은

글담출판에서는 참신한 발상, 따뜻한 시선을 가진 원고를 기다리고 있습니다.
원고는 글담출판 블로그와 이메일을 이용해 보내주세요. 여러분의 소중한 경험과 지식을 나누세요.
블로그 http://blog.naver.com/geuldam4u **이메일** geuldam4u@naver.com